本书为北方工业大学优势（建设）学科项目（编号X

社会化媒体营销典型案例分析

陶晓波◎著

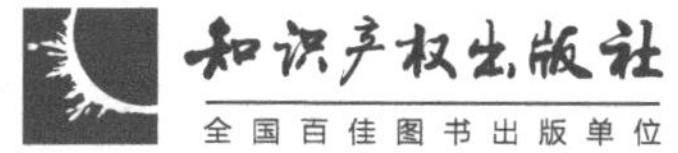

图书在版编目（CIP）数据

社会化媒体营销典型案例分析/陶晓波著．—北京：知识产权出版社，2016.9（2025.8重印）

（工商管理学术文库）

ISBN 978－7－5130－4461－5

Ⅰ.①社… Ⅱ.①陶… Ⅲ.①社会化—媒体—传播媒介—网络营销—研究 Ⅳ.①G206.2 ②F713.36

中国版本图书馆 CIP 数据核字（2016）第 219762 号

内容提要

本书通过对当前社会化媒体营销领域的典型案例（可口可乐、阿迪达斯、暴雪娱乐、滴滴出行、携程旅行网）展开深入分析，最终提炼出社会化媒体营销成功的核心主线和关键作用点。研究成果可供其他开展社会化媒体营销的企业借鉴和参考。

读者对象：社会化媒体营销的从业人员，以及在校相关专业的学生。

责任编辑：江宜玲　　**责任校对**：谷　洋

装帧设计：京华诚信　　**责任出版**：卢运霞

工商管理学术文库

社会化媒体营销典型案例分析

陶晓波◎著

出版发行：	知识产权出版社有限责任公司	**网　　址**：	http：//www.ipph.cn
社　　址：	北京市海淀区西外太平庄55号	**邮　　编**：	100081
责编电话：	010－82000860转8339	**责编邮箱**：	jiangyiling@cnipr.com
发行电话：	010－82000860转8101/8102	**发行传真**：	010－82000893/82005070/82000270
印　　刷：	北京建宏印刷有限公司	**经　　销**：	各大网上书店、新华书店及相关专业书店
开　　本：	720mm×1000mm　1/16	**印　　张**：	9
版　　次：	2016年9月第1版	**印　　次**：	2025年8月第3次印刷
字　　数：	124千字	**定　　价**：	38.00元

ISBN 978-7-5130-4461-5

序

社会化媒体的不断发展使得社会化媒体营销在我国如火如荼地蓬勃发展。本研究首先通过梳理市场营销学科的发展历程，从中整理出市场营销演进的逻辑，借此说明社会化媒体产生与发展的必然性和未来趋势。随后，本研究通过对本领域已有重要文献的文本分析，锁定了社会化媒体营销的发展要素，并将其分为以下三个层面：①单一要素，该层面的研究主题关注用户、管理、技术与信息四要素独立效应的发挥；②要素间的交互性，该层面的研究主题关注用户、管理、技术与信息四要素之间交互效应的发挥；③要素内的匹配性，该层面的研究主题关注每类要素内企业战略与基础条件的匹配性。上述三个层面形成社会化媒体营销领域的整体架构，并成为本研究分析社会化媒体营销活动的基础框架。

之后，本研究通过分析可口可乐、阿迪达斯、暴雪娱乐、滴滴出行和携程旅行网五个典型的案例，集中回答了如下问题：第一，该企业运用了哪种或哪些社会化媒体来开展营销活动？第二，该企业是如何与消费者展开互动或引导消费者之间展开互动的？消费者自己是如何评价这种互动行为的？第三，该企业采用的商业模式是什么（具体分析该企业是如何营利的）？这种商业模式更加注重短期，还是更加看重长期？第四，该企业在其自身的营销活动中，是如何实现信息的传播与扩散的？第五，基于上述四个方面的分析，该企业最核心的竞争优势是什么？竞争对手能否模仿它的这种做法？第六，该企业现存的最大问题是什么？如何形成有针对性的对策建议？通过对上述问题的回答，本研究最终提出了社会化媒体营销的核心主线与关键作用点，以为其他企业的社会化媒体营销实践提供借鉴。

由于作者本人的原因，本书可能会存在疏漏之处，敬请您的海涵和斧正！

此致

敬礼

陶晓波

于北方工业大学经济管理学院

目　录

第 1 章　从市场营销到社会化媒体营销的演进

市场营销活动在人类历史中早已出现，人类最初的交换活动，即人们之间的物物交换，就是一种市场营销活动。但作为一门学科来说，市场营销算得上非常年轻，距今也只有 100 多年的历史。在这 100 多年的发展历程中，市场营销经历了从传统形式到社会化媒体营销形式的演进。本章将梳理这一演进逻辑，以突显社会化媒体营销产生的时代背景与现实意义，并明确其核心要旨，以为之后的案例分析做好理论层面的铺垫。

一、市场营销学科的产生

市场营销学科产生于工业革命背景下的美国。18 世纪后半期到 19 世纪末，美国经过独立战争后具备了稳定发展经济的政治环境。同时，美国通过购买法国的路易斯安那州与西进运动，扩大了国土面积，掌握了丰富的资源储备。而南北战争的胜利使得美国解放了南方黑人奴隶，获得了充足的劳动力，并进一步扩大了国内市场。美西战争之后，美国的国力更加强大，经济发展环境跃上新的台阶。在这样的大背景下，美国在电力、钢铁、电话、汽车和铁路等基础工业上进行了大量的投资，极大地改变了美国的商业环境和本土消费者的生活方式。19 世纪末 20 世纪初，美国经济的蓬勃发展吸引了大量的移民，这些移民既包括从其他国家进入美国的居民，也包括从乡村转移到城市的居民。这就使得：一方面，众多企业面临着井喷式的市场需求；另一方面，生产和技术的发展，以及运输和储存的提升急剧改变了市场环境，突显出分销系统，尤其是农产品分销系统效率低下与市场需求巨大之间的矛盾。一些经济学家开始思考如何更好地提升商业系统中市场分销的效率，这种关注与传统经济学家存在很大差异。传统经济学家关注的是产出问题，土地、劳动力和资本是产出的制约条件，生产是经济价值的创造来源，分销则不在他们的考虑之列。这些开始研究分销问题的经济学家被称为“第三类经济学家”，他们成了市场营销研究者的鼻祖。

当时，美国的一些大学教授开始独立地开发新的课程来研究并解决分销问题，如宾夕法尼亚大学开设的《产品营销》课程、俄亥俄州立大学开设的《产品销售学》课程、密歇根大学开设的《美国分销管理产业》课程、威斯康星州大学开设的《农产品营销的方法》、纽约大学开设的《商贸机构》等。1910 年，拉尔夫·斯达·巴特勒教授正式出版了《市场营销方法》教材，并在书中首次使用“marketing”（该词后来被译为“市场营销”而引入中国）作为本学科的名称。1912 年，赫杰齐特教授出版 *Marketing* 一书，进一步标志了市场营销学科的创立。同时期有影响力的教材和讲稿还有弗莱德·克拉克于 1918 年编订的《市场营销原理》讲义（该讲义于 1922 年成书）及邓肯的《商业研究》（1919）和《市场营销问题与方法》（1920）两本书。所有的这些课程、教材与讲义，都集中反映出对农产品分销问题的高度重视。因此，农业发达的美国中西部地区的多所大学便成了研究市场营销学科的先驱力量，并在此后的较长时间内引领着美国，甚至全世界市场营销学科的发展。

随着市场营销学科的形成，一些相应的组织与刊物也开始陆续出现。20 世纪 20 年代，一小部分营销研究者聚集在美国经济协会的一个分会讨论营销的学术问题，并开始在该协会所属的期刊上传播市场营销学科的知识。1924 年，全美营销与广告教师协会正式成立，市场营销研究者终于有了属于自己的正式组织。1925 年，纽约大学发行了一份名为 *Journal of Retailing* 的季刊。创刊之初，该期刊的定位是方便读者更好地理解零售功能与过程的管理，服务对象也集中在零售业的从业人员。1930 年，美国营销协会成立，当时的主要成员清一色来自市场营销活动的实际操作者。四年后，美国营销协会创办了一本全国性的期刊——*The American Marketing Journal*（《美国营销期刊》）。一年之后，该期刊更名为 *The National Marketing Review*（《全国营销评论》）。

1936—1937 年，市场营销学科发展历程中的两件标志性事件发生了：首先，1924 年成立的全美营销与广告教师协会和 1930 年成立的美国营销协会正式合并，一个更有影响力的协会组织——美国市场营销协会（American Marketing Association，AMA）诞生了；其次，新成立的协会将原有期刊 *The National Marketing Review* 更名为 *Journal of Marketing*。时至今日，AMA 仍然是全世界最具影响力的营销协会组织，*Journal of Marketing* 则始终作为本领域的顶级权威期刊存在，成为市场营销研究的核心前沿阵地之一，同时吸引着市场营销理论界和实务界的目光。

需要指出的是，早期的市场营销刊物与现在的有些不同：第一，早期市场营销刊物的作者不仅包括专业学术研究人员，还包括许多市场营销从业人员和政府官员；第二，早期市场营销刊物中通常只存在 1 ~5 页篇幅的短论文，评论与争议是普遍的写作风格，且很少看到合作发表论文的情况，几乎都是独立作者，这与当前的情形差别迥异；第三，早期市场营销刊物的影响力显著低于教材。事实上，虽然市场营销学科在形成期拥有 *Journal of Retailing* 和 *Journal of Marketing* 等刊物，但总体数量偏少。因此，学科的思想主要是通过主流的教材进行传播的。这些主流教材的作用在于整合并发展广为接受的营销原则，最基本的内容便是描述当时流行的营销运作体系。在这一时期，教材的作用大于刊物，而且教材的影响力持续的时间更长。也就是在这段时间，市场营销类教材与相应课程互相推动着，经历了一个良性循环式的发展。由于这些教材反映了当时全国性的标准营销课程体系，因此，它们推动市场营销从经济学和农业研究中脱离出来，帮助其迅速融入范围更大的商业课程体系，成为其中的重要一环。

在这一时期，市场营销学科的研究开始萌生出三条不同的演进路径：第一条路径为商品学派，该学派的研究者关注某一特定商品类别的所有营销活动；第二条路径为制度学派，关注一个特定营销机构的运作，如零售商和批发商；第三条路径为功能学派，关注不同营销活动对购买的作用。由于市场营销学科在一定程度上源自经济学，这一时期的研究与教学活动具有很强的经济学思维，关注经济系统内消费者、营销者和政府部门的协调统一，认为政策的制定应该基于整个社会的利益最大化而去不断提升商业系统的运作效率。如学者肖在 1912 年指出："社会不能承受一个无效的分销系统，相比生产方式的无效，分销系统的无效更是一个严重的问题，社会需要中间商的存在。"可以看出，与今天强调的管理决策相反，创立之初的市场营销学科更多地包括了对社会宏观效率的关注以及对于经济效率的强调。此时的市场营销研究者自身仍然带有深刻的经济学烙印，但又开始被其他从业人员视为经济学家以外的专业人士，他们被认为能够帮助社会完成分销系统的有效运转。

早期的教材将商品学派、制度学派和功能学派的方法都整合在一起，这在当时是很常见的。与之对应的，研究者们也纷纷使用三种研究方法——商品研究法、机构研究法和功能研究法。

商品研究法主要研究产品或商品的分类问题，考察对于不同类别商品或产品如何分销到最终消费者的问题，并从中探索及寻找出卓有成效的规律，以便于企业生产经营使用。理想的情况是，企业只要将其产品归为某一类，然后再按照这一类产品通常的分销方式设置相应的流通渠道就能起到良好的效果。在 1910 年之前，产品主要是分为矿产品、农产品、制造品；随着城市人口数量的剧增，1910 年之后关于产品的分类学说基本都是针对消费品而言。例如，帕林于 1912 年提出的三类“妇女购买物”——急需品、便利品和选购品；派兰德于 1923 年提出了消费品的三个分类——选购品、便利品和特殊品，派兰德显然是在帕林的基础上进行调整，将急需品改为特殊品。选购品则是那些消费者通常比较在意，会反复比较价格、质量、款式的商品。针对选购品，企业应该选择适度的分销网络，并需要有销售人员说服和影响消费者的选择。便利品是日常生活中的必需品，价格比较便宜，因而消费者通常不大比较价格而选择在附近购买。针对便利品，企业应该尽量将分销网络扩大，深入消费者随时可以接触的角落。特殊品是指那些对于消费者有特别吸引力，消费者通常并不在意其价格，并愿意付出努力和代价去获得的消费品。对于特殊品来说，制造商和零售商的声誉通常非常重要，品牌塑造相比而言就非常重要。

机构研究法主要研究市场营销系统中各种机构的特性、功能和变革，主要包括生产者、批发商、零售商和各种辅助机构。机构研究法最初也是从研究农产品开始的。20 世纪初，由于工厂的生产集中到城市，从农村转移到城市工作的人口越来越多。这些刚刚脱离农村的新城市居民对于农产品的价格十分敏感，他们惊讶于城市与农村之间农产品价格的差异，这令他们非常不满。为了进一步解答这些不满，早期的营销学者着手研究农产品流通过程中主要的营销组织所起到的作用有多大，营销组织的效率如何。实际上，这也是关注渠道分销的问题。机构研究法还重点关注了营销组织的投入成本，如用传统经济学分析中的土地、人力、资本三要素分析产品转移中的价值产生问题，同时也寻求获得效率的方法，如渠道结构、一体化和整合问题。

功能研究法主要研究商品从离开工厂到最终消费者手中所需要完成的各种营销活动起到了什么样的作用。此时，主流观点认为营销活动起到承担风险、配货、运送物品、对产品进行集中、融资、销售的功能。1935

年，关于功能的研究就提到营销所起到的52种功能。这种功能研究法是认识营销作用以及贡献的最好方法，与机构研究法相比，功能研究法更充分地体现了营销的价值，而不仅仅是社会损耗；与商品研究法相比，功能研究法更全面地考察企业运营所需的职能，将产品从工厂送到消费者手中的营销功能就是企业应该设置的职能。由于功能研究法更有利于后来的管理流派的嫁接，因此，功能研究法研究者的影响力更大，也在管理流派的思潮中留下了更多的印记。

随着时间的推移，由于功能研究法在发现问题、分析问题、解决问题的过程中更加注重理性的分析，研究结论的信度与效度更高，该方法开始被越来越多的营销研究者接受，并占据了主导地位。功能研究法的作用主要体现在以下三个方面：①社会的商品供应；②创造交易的机会；③辅助和促进功能。基于经济学理论，功能研究法也扩展到对功能运作效率的关注。

二、市场营销学科的发展

（一）国外

第二次世界大战的爆发，对市场营销实践活动与研究活动带来了巨大的冲击。一方面，市场需求呈现井喷式的增长。“二战”后，世界各国消费者在战争期间一直被压制的消费欲望得到了极大的释放。同时，“二战”后大批军人返回自己的祖国，开启了一波史无前例的生育高峰。1946年，美国出生了340万名婴儿。1946—1964年，美国共有7590多万婴儿出生，约占美国总人口的1/3。婴儿潮带动了美国玩具、卡通、流行音乐、房地产、汽车等多个行业的蓬勃发展，创造出了巨大的市场需求。另一方面，“二战”期间激发出的巨大生产力需要从军工物资的生产转移到产品的生产上，如何提升这一转移过程的效果和效率就成了一个亟待解决的问题。与此同时，战争中的物资筹备与运送工作让人们意识到了管理的重要性，尤其是借助运筹学提升工作效率的做法已经深入人心。这一切都促使市场营销研究者将关注重心从全社会分销系统效率的提升逐渐转移到各企业经营管理效率的提升，研究视角从宏观转为微观。

这一时期有两件标志性的事件。其一是“市场营销组合”（marketing mix）这一术语的产生。1953 年，尼尔·博登在美国市场营销协会的就职演说中创造了“市场营销组合”一词，其意是指市场需求或多或少地在某种程度上受到所谓“营销变量”或“营销要素”的影响。为了寻求一定的市场反应，企业要对这些要素进行有效的组合，从而满足市场需求，获得最大利润。博登提出的市场营销组合包括 12 个要素，因此被称为 12 要素“营销组合”策略，即“产品计划、定价、厂牌、供销路线、人员销售、广告、促销、包装、陈列、扶持、实体分配和市场调研”。“市场营销组合”的提出，清晰地告诉人们在从事营销运作时可以从哪些方面入手。1960 年，美国密西根大学教授杰罗姆·麦卡锡在其《基础营销》一书中，将营销过程中的各种要素概括为四类：产品（Product）、价格（Price）、渠道（Place）、促销（Promotion），即著名的 4P。虽然此后在 4P 的基础上又产生了 4C、7P、10P、4R 等新的市场营销组合表现形式，但 4P 依然具有最为深远的影响，并成为市场营销学科的经典理论基础。

其二是诸多营销研究者开始借用法约尔的管理学思想，重新审视市场营销学科的教学和研究工作。原来以《市场营销原理》为书名的主流教材被以《市场营销管理》或《营销管理》（英文名称均为 Marketing Management，但翻译成中文有两种形式）为书名的主流教材所替代。我国当前引进的最为流行的国外市场营销学教材——由菲利普·科特勒编著的《营销管理》一书，就产生于这一时期，最早的名称为《营销管理：分析、规划与控制》，属于众多同类教材中的佼佼者。此书力图按照法约尔的模式写作，并结合控制论的思想进行了相应调整，将法约尔倡导的管理五要素（计划、组织、协调、指挥、控制）演变成分析、计划、执行、控制的整体营销体系。而书中出现的市场细分、目标市场选择、市场定位、营销组合等理论，都是市场营销回归到微观视角后的产物。经过多次的修订和改版，该教材已经成为目前营销教学的经典教材，深刻影响着市场营销学科知识的传播。

如果说市场营销学科在形成期还存在深深的经济学的烙印的话，那么“二战”后的前20年，它便从经济学的领域跨入了管理学的领域。如果说经济学的学科追求是资源的有效配置（通过价格引导，资源流动到最需要的地方，从而达到社会福利最大化），管理学的学科追求是效率与效果的完美统一（通过组织流程、治理机制、激励等因素，从现有资源获得最大产出），那么，市场营销学在这一阶段的学科追求就是达到促进买卖双方的交换。这种交换不仅针对营利性组织（如公司、工厂、律师事务所等），也针对所有的非营利性组织（如行业协会、慈善组织等）。至此，市场营销学科的研究对象获得了极大的扩展，研究内容也开始紧紧围绕如何帮助各类型组织实现交换而展开。

1962年3月15日，美国前总统约翰·肯尼迪在美国国会发表了《关于保护消费者利益的总统特别咨文》，文中首次提出了著名的消费者的四项权利，即消费安全权、取得消费咨讯权、自主选择商品权以及合法申诉权。这推动了20世纪60年代消费者保护运动的开展，也使得消费者保护成为全世界日益重视的一个问题。在此之前，企业往往忽视了对消费者的关注，坚持用生产观念（生产多少，就能卖出多少）、产品观念（酒香不怕巷子深）和推销观念（以三寸不烂之舌，强于百万之师）销售自己的产品，未能体现以消费者为中心的市场营销观念。这就造成了市场交换过程中买卖双方严重的力量不平衡，诚信缺失，甚至恶意欺诈的事情屡屡发生。而随着“婴儿潮”激发的需求扩张趋于平稳，企业也势必需要重新审视与消费者的关系维护问题。在这一背景下，市场营销学科的发展呈现出两个新的特征。

第一，研究基础开始更多地融合管理学、心理学、社会学等诸多其他学科，并在此基础上更加注重科学的研究方法。随着市场营销观念逐渐占据主导，市场营销学科开始强调应在产品开发之前加强对消费者需求的了解。为了增进了解，各研究机构随之加大了这一领域中科学研究的分量。这一方面导致了数学与统计学方法在市场营销学科中的应用[1]，另一方面也促使市场营销学科大量吸收已经成熟的学科的研究模式。在此过程中，研究者发现结合心理学和社会学的知识与研究范式，能够更好地分析和管理组织的市场营销活动。

第二，市场营销研究者的身份与研究内容开始分化。随着市场营销学科与其他学科间的融合，越来越多原来研究心理学、社会学的学者进入市场营销领域，成为新的研究人员；而原来一些来自实务界的研究者则慢慢被边缘化，使得市场营销学科的研究逐渐聚焦于纯学术的问题，落实到运用理论成果指导实践活动。同时，市场营销学科的研究内容也更为丰富多彩，包括量化营销方法与科学、营销理论、消费者行为、全球营销、质化营销研究方法、社会问题与公共政策、营销教育、产业营销、服务营销、体育营销、健康营销、广告、定价与促销、产品、渠道与销售、直接营销与电子商务、综合类等方方面面。

随着越来越多的学者加入市场营销学科的研究队伍，市场营销学科的发展在 20 世纪 80 年代后进入“百花齐放”的时期。一方面，市场营销学科的研究更加注重微观视角的运用，强调变量之间的关系分析；另一方面，市场营销学科具有较大影响力的理论开始减少，学科内的领域细分开始增加。学者们的研究在不断加深领域的深度，但对各领域的宽度扩展则贡献不多。这使得本学科的教学不再关心学科的历史和范畴，导致难以创

[1] 数学与统计学介入营销学研究是由管理科学中数学应用的影响力引发的，而直接的推动力是福特基金会。福特基金会的大量工作促成了数学与统计学在营销中的大量使用。

建统一的学科领域，同时也使得市场营销学科在一定程度上对外部挑战的反应越来越慢。总体上看，20 世纪 80 年代后，服务营销、体验营销、关系营销、客户关系管理、内部营销、整合营销传播、顾客满意、网络营销、口碑营销、大数据营销等新兴领域层出不穷，不断地在加深人们对市场营销学科的理解与认识。

在市场营销的主流期刊方面，1925 年创刊的 *Journal of Retailing* 是最早的营销学期刊，其所反映的正是早期营销研究最为关注的主题。虽然现在这一主题的很大一部分涉及物流的研究已经从营销学科分离出去，但 *Journal of Retailing* 依然是营销研究的六本顶级期刊之一，其所关注的主题与营销学科目前的内容息息相关，在营销学术界仍然被学者广为引用。紧随 *Journal of Retailing* 之后的是 1937 年创刊的 *Journal of Marketing*，也有记载是 1936 年创刊，因为它是两个营销学会合并之后由会刊改名得来。作为美国营销协会的会刊，其自创立以来就一直是营销学科研究潮流的引领者，是营销学者心目中影响力第一位的营销期刊。直到 20 世纪 50 年代后，随着营销学科被管理学界看成企业生产经营中至关重要的一环，才出现了更多的市场营销期刊。目前营销研究公认的六本重要期刊，除了前面已经提到的两本，还包括 *Journal of Marketing Research*、*Journal of Consumer Research*、*Journal of the Academy of Marketing Science* 和 *Marketing Science*。

Journal of Marketing Research 是由美国营销协会在 1964 年创刊。自 20 世纪 50 年代后，管理学研究中关于数量化的研究逐渐影响到营销学的研究，*Journal of Marketing Research* 上发表的量化研究越来越多，分流了 *Journal of Marketing* 中日益增加的量化研究的文章。由于量化研究成为一种研究潮流，ISI 曾经发布的期刊影响力评价表明 *Journal of Marketing Research* 影响力甚至超过了 *Journal of Marketing*。

Journal of Consumer Research 于 1974 年创刊，其并不隶属于营销协会，最早是由一群比较关注消费者行为的社会科学家所主导，他们拥有社会

学、心理学、经济学的背景。早期的研究学者并不认为自己属于营销学者，但随着营销研究范式的转变以及营销哲学对消费者需求的重视，消费者的行为成为营销学科的基础。主流的营销学者成了 *Journal of Consumer Research* 的主要阅读者，主流的 *Journal of Marketing Research* 和 *Journal of Marketing* 也发表了关于消费者行为研究的文献，*Journal of Consumer Research* 也就被学者认为是市场营销期刊。

Journal of the Academy of Marketing Science 是美国营销学会的会刊，美国营销学会（American Marketing Society，AMS）创立于 1971 年，与美国营销协会不同，AMS 更偏向于纯学术的活动。20 世纪 70 年代的美国，一些社会科学的组织变得越来越商业化，很多学者不能容忍这种状况，因此，不少学科成立了一些纯学术的组织，AMS 就是这样的一个组织。然而现在看来，环境、组织和机构都在变，*Journal of the Academy of Marketing Science* 是由美国营销学会于 1972 年创刊的，现在它与 *Journal of Marketing* 走得越来越近，更像是 *Journal of Marketing* 的影子。但是从 AMS 的成员与 *Journal of the Academy of Marketing Science* 发表的文献情况看，它更加地域化和国际化。地域化是指其网罗了美国南方的大批研究学者，与 *Journal of Marketing* 被美国东北部的研究学者主导相反，AMS 更像是美国南方人的组织。而国际化是指它把学会开到加拿大、韩国、墨西哥、西班牙，同时，它也更经常地与美国之外的研究学者进行交流。

Marketing Science 是另一个重量级的期刊，它是由现在的美国运筹学和管理科学协会（INFORMS）创办的刊物。美国运筹学和管理科学协会的另一期刊 *Management Science* 也是管理学科的顶级期刊，数学在营销学研究中的应用最早是发表在管理科学期刊上的。由于该期刊上发表的营销类文献逐渐增多，美国运筹学和管理科学协会的前身——美国管理科学学会于 1952 年决定创办另外一个专门发表营销类学术文献的期刊，也就是现在的 *Marketing Science*。因为其名称与 *Journal of the Academy of Marketing Science*

存在重复，创办之初还受到了美国营销学会的阻挠。由于 *Marketing Science* 定位于研究方法的开发和使用，因此与 *Journal of Marketing Research* 有点接近，但是也存在细微的差别。*Journal of Marketing Research* 偏重发表使用统计分析方法的研究，发表了大量介绍统计学方法如何应用到营销研究的文献，该期刊最有影响力的文献也是统计学方法的讨论与介绍。但 *Marketing Science* 偏重于运用数学方法进行研究，受计算机、运筹学和信息科学甚至物理学的影响。

单纯介绍上面的期刊并不全面，六本顶级营销期刊之所以能成为顶级，就是由于上文所说的综合化趋势。顶级期刊变得越来越综合化，然而一些细分的期刊虽然影响力没有顶级期刊那么高，但其在分类领域中也是佼佼者。1961 年创刊的 *Journal of Advertising Research* 创刊，也拥有着悠久的历史。广告借助于电视传播系统对消费者产生了极大的影响，广告研究获得迅速发展，在此背景下创立的 *Journal of Advertising Research* 也成为广告研究领域中最重要的期刊。然而，比它晚创刊的 *Journal of Advertising* 在目前测度的很多指标上都已经超过了它。1967 年 *Journal of Consumer Affairs* 创立，它是美国 20 世纪 60 年代消费者保护运动的产物，它的目标是研究个人、政府和企业的决策对于消费者权益的影响，探讨消费者教育和消费者权益维护等问题。它比 *Journal of Consumer Research* 出现得还要早，也成为 SSCI 收录的营销学科期刊之一。随着服务业在经济中所占的比重逐渐增加，有关网络营销和服务营销的研究迅速增加，关于这个领域的营销期刊最近影响力上升最快，如创立于 1987 年的 *Journal of Service Marketing* 和创立于 1998 年的 *Journal of Service Research*。虽然服务营销的研究在 20 世纪 80 年代就已经开始了，但是最早于 1981 年创立的 *Service Industrial Journal* 都没有这两份期刊的影响力大。网络是最近十年来发展最快的领域，这在营销研究期刊上也有所体现，1987 年创立的 *Journal of Interactive Marketing* 最近在营销领域的影响力迅速提升，并且成为 SSCI 收录之一，这与网络更有利于互动密切相关。此外，不得不提的是关于营销国际化的问题。早在1985 年哈佛大学营销学教授西奥多·莱维特就曾提到营销国际标准化的趋势，不过关于营销国际化的研究其实是包含在商业国际化研究中，这些研究大量地出现在综合类商业期刊上。如 1984 年创办的 *International Marketing Review*，它在营销学科研究中的影响也非常大。最后，研究者也应关注一个特殊的营销期刊——*Marketing Letters*，就像它的名字一样，它更像是一个学科发展的快讯，通常发表一些反映发展近况的评论。虽然，从被引率测评的影响因子来看其影响力并不大（排在营销期刊 30 名外），但是难以测量的阅读率却很高。哈法科尔等人（2009）从获得的网络数据分析发现，在学者阅读的营销期刊中，*Marketing Letters* 排在了第五位。

（二）国内

20 世纪三四十年代，市场营销学在中国曾有一轮传播。现存最早的教材是丁馨伯编译的《市场学》，由复旦大学出版社于 1933 年出版。当时一些大学的商学院开设了市场学课程，但由于长期战乱及经济发展水平的限制，其研究和应用有很大的局限性。新中国成立后，在很长一段时间内，由于西方的封锁和我国实行高度集中的、越来越僵化的计划经济体制，商品经济受到否定和抵制，市场营销学科的研究在中国大陆基本中断。在长达 30 年的时间里，中国内地学术界对国外迅速发展的市场营销学知之甚少。

党的十一届三中全会后，中国确定了以经济建设为中心、对外开放、对内搞活的方针。经济学界努力为商品生产恢复名誉，改革、开放的实践不断冲击着旧体制，逐步明晰了以市场为导向、建立社会主义市场经济体制的改革目标，从而为我国重新引进和研究市场营销学创造了良好条件。

1978—1985 年是市场营销学再次引进中国并初步传播时期。高等院校相继开设了市场营销课程，组织编写了第一批市场营销学教材。1980 年，国家经济贸易委员会与美国政府合作举办了以厂长、经理为培训对象的大连培训中心，聘请美国著名的营销专家讲课，对营销理论方法的实际运用起了推动作用。1984 年 1 月，为加强学术与教学研究，推进市场营销学的普及与发展，中国高等财经院校综合大学市场学教学研究会成立（1987 年改名为中国高等院校市场学研究会）。该会聚集了全国 100 多所高校的市场营销学者，每年定期交流研讨，公开出版论文集，对市场营销学的传播、深化和创新运用做出了积极贡献。1991 年 3 月，中国市场学会在北京成立。该学会成员包括高等院校、科研机构的学者，国家经济管理部门官员和企业经理人员。中国高等院校市场学研究会、中国市场学会也开展了一系列活动，促进学术界和企业界、理论与实践的结合，为企业提供营销管理咨询服务和培训服务，建立对外交流渠道，做了大量有成效的工作。

1992 年以后，是市场营销理论研究结合中国实际提高、创新的时期。邓小平的南方谈话，奠定了建立社会主义市场经济体制的改革基调。改革全方位展开，国内经济结构的变化和外资企业的大量进入导致买方市场特征逐步明显，市场竞争进一步加剧。在这种形势下，强化营销和营销创新成为企业的重要课题。为此，中国营销学术界一方面加强了国际沟通，举办了一系列市场营销国际学术会议；另一方面，展开了以中国企业实现“两个转变”（从计划经济向市场经济转变，从粗放经营向集约化经营转变）为主题的营销创新研究，以及以“跨世纪的中国市场营销”为主题的营销创新研究。此后，随着中国市场营销研究人员与国际主流研究的互动与融合越来越频繁和深入，市场营销学科在我国获得了更为长足的发展，中国营销学者也开始越来越多地出现在国际前沿研究领域，并发表了很多具有国际影响力的研究成果。

三、市场营销定义的演进

美国市场营销协会（AMA）先后共发布了五次市场营销的定义。市场营销定义的调整与变化反映出不同时期的市场营销的研究范畴在发生变化，时代背景与学科的演化深深地烙刻其中。通过对这些变化的考察，可以更加深刻地理解学科发展的社会背景与社会科学发展之间的关系，人文社会科学可以反映所处时代的经济生活。

美国市场营销协会是由实务界的营销专家与学术界的营销学者组成的，因此，美国市场营销协会所公布的营销定义既能代表营销理论的发展，也可反映营销实务的根本性变化。通过比较与分析美国市场营销协会在不同时期发布的营销定义，对于理解市场营销理论，认识市场营销的本质，把握市场营销的未来发展，都具有重要的理论与实践意义。

（一）第一次定义（1935 年）

严格来说，第一次定义不是由美国营销协会颁布的，而是由其前身——全国营销与广告教师协会所做的定义：

市场营销是将产品和服务从生产者传送至消费者的商业活动。

此定义反映 20 世纪初正是市场营销从经济学分离出来之时。由于之前所介绍的集中生产和城市化，特别是工业革命的出现使生产方式由家庭手工作坊生产转变为工厂批量生产，造成了生产者与消费者在供求地点上的显著差异，分销先于营销出现。即使营销出现后，营销的主要内容还是分销，分销的主要作用就是缩小供求距离，此时，营销的职能主要体现在“传送”两个字上。

（二）第二次定义（1960 年）

“二战”之后，管理教育迅速发展，市场营销学科也处在突飞猛进阶段，市场营销被视为企业管理中极其重要的角色。美国市场营销协会在 1960 年对市场营销定义稍做修改：

市场营销是引导产品和服务从供应商向消费者流动的商业活动。

虽然只是修改了几个字，但是已体现出市场营销范畴的增大。“二战”之后，战时聚集起来的强大生产能力由供应整个盟军（而不只是美国本土）转向了整个美国国内市场。和平时期的人口也迅速增加，“二战”后大约有8000万以上的新出生人口。大约在15年内，美国的人口增加了一半。市场营销学科已经确立，电视这种新媒体已经出现，广告的吸引力和影响力越来越大，商业企业的重要功能就是创造顾客，吸引或说服消费者购买其产品。此时，营销导向或顾客导向的理念刚出现不久，其主导的理念是推销，为了让消费者购买之前没有购买的或增加已经购买的产品量，需要使用“推”和“拉”两种力量引导商品和服务的流动。此定义反映了当时社会的经济生活。

（三）第三次定义（1985年）

1985年市场营销导向的理念已经确定，并且占据主导地位，这种理念的根本性转变需要重新对市场营销的定义进行调整，不过，这种根本性转变并不是一蹴而就的。4P理论的提出者麦卡锡在1960年其实就提到“在管理构想下，市场营销的基本任务并非是熟练地向消费者提供适当的商品与服务，而是熟练地开展能够符合消费者利益以及满足消费者需要的活动”。此时，已经有市场营销导向的理念了，即从顾客的需求出发，生产能够满足消费者需求的商品，但它在教科书上的定义仍是：“营销是引导商品和服务从生产者到消费者的传递与流通，以最好地满足消费者并实现企业目标的企业功能或活动。”显然，此定义还没有完全将消费者需求摆在最重要的位置上。然而，麦卡锡已通过他的教科书使4P的营销组合深入人心。哈佛商学院的李维特在1968年提出：企业需警惕“营销近视症”，企业需要表述好公司的使命，这是营销思想史上一次深远的观念冲击。菲利普·科特勒在1969年提出了营销概念扩大应用范围的理念，不仅是商品与服务，不仅是企业需要，很多领域都可使用。另外，巴格兹在1975年将营销的本质功能定义为交换也广受人们认同。在多种变化下，1985年的定义姗姗来迟。当然，可能也是在等待一种大众认可的观点，因为市场营销导向其实并不是那么容易做到的。当时的定义如下：

对创意、产品和服务进行构思、定价、分销和促销，并通过交换来满足个人和组织的需要的规划与执行过程。

从此定义可以看出营销对象的扩大、交换的概念、4P 的营销执行构架、需要的满足等几个方面的变化，反映了营销学科已成型。而这 25 年社会生活发生的变化主要是工业和分销部门的快速发展，生产效率得到了极大的提高，但人口更加稳定了，国民经济逐渐呈现出供大于求的状况。过去实行的生产后再尽量劝服顾客购买的做法已经行不通了，反而可能会带来投资经营的低效率。转变经营观念，确立消费者导向，先认识消费者、了解消费者，识别当前消费者及潜在消费者的需求，然后再生产消费者有需求的产品，这样做起来的风险会更低，效率也会更高。

（四）第四次定义（2004 年）

在跨越千年之际，每个学科的学者都在反思过去，展望未来，营销学者也不例外。学科的矛盾和实践问题摆在眼前，被提出作为进入 21 世纪应该有所改观的部分。经过了近 50 多年的发展，营销学科似乎到了分崩离析的境地，而实践中产生的主要问题是营销的价值该如何衡量。新出现的营销与传统营销只在横向上有区别，而纵深上并无太大变化，很多新兴的学科甚至开始独立，营销学科研究的范围也在扩大中缩小。另外，市场营销实践的作用很难在企业或其他组织中得到很好的衡量，这与当前的个人价值评估考核很难协调一致，营销经理人或者他们的上级主管急需一种能够像财务报表一样的数字列表来精确地衡量营销的产出。同时，让顾客满意、使顾客忠诚以及关系营销成了市场饱和下的新竞争策略。网络以及便捷的企业消费者互动手段使得消费者可以参与企业的生产过程，此时，顾客既是消费者，也是生产者，顾客双重身份的实现使得市场营销的交换概念必须更替。在此情况下，“价值”是一个更合适的词汇，菲利普·科特勒再次扮演起思想引领者的角色。在他的倡导下，“价值”成为市场营销教科书的主题，极大地改写了市场营销的定义：

营销是采用企业与利益相关者都可获利的方式，为顾客创造、沟通和传递价值，并管理顾客关系的组织功能和一系列过程。

从提供商品与服务到识别目标顾客、满足目标顾客的需求，这两种经营理念都将消费者当作外生因素，而与消费者共同创造价值的经营理念则将消费者当作内生因素。在互联网普及的背景下，这一理念被越来越多的创新型组织所采用。消费者的作用至关重要，不仅是因为他们的需要决定了市场，而且是因为顾客也能参与价值的创造。从此种意义上说，营销过程就是企业同消费者相互合作的过程。

（五）第五次定义（2007 年）

与以往每个市场营销定义使用 20 年左右不同，相隔三年，市场营销定义再次被修改。但是，这并非是社会经济生活或企业的经营理念短期内发生突变，而是因为 2004 年的定义不为广大学者所认可，普遍反映：该定义范围界定过于狭窄，这与过去大家所认可的营销应用范围有很大的差距。这表明菲利普·科特勒等人关于营销应用范围扩大思想已经深入人心。同时，该定义过分强调营销在企业中的地位与作用，却忽视了营销的社会责任与社会作用，这与 1980 年后社会营销的理念相矛盾。营销不仅是一种管理活动，历史上营销也在政府治理上有作为，超越企业研究的学科身份显然是更加合适的。

美国市场营销协会从 2006 年开始改变闭门造车的做法，借助新兴的信息技术和市场营销本身的方法，调研了全球营销学者对营销定义的看法。一年后，最终形成如下的定义：

营销是创造、沟通、传递、交换对顾客、客户、合作伙伴和整个社会具有价值的提供物的一系列活动、制度、组织和过程。

这个定义是 2004 年和 1985 年定义的混合体。交换的概念保存了，虽然企业经营出现了新的形式，但传统的营销模式却依然存在，交换虽不是唯一的营销功能，但也是不可或缺的一部分。价值的核心地位被供应物所代替，供应物所涵盖的范围超过创意、商品和服务，价值是供应物的定语，营销是交换和传递价值，但价值仍需要载体，否则营销将变得越来越空洞。

从以上市场营销定义的变化可以看出，营销学科的范畴和内涵在不断发生变化，这种变化既是学科自身演变的结果，也是社会变化的反映，更是学科应对社会变化的体现。

四、市场营销学科的演进逻辑与社会化媒体营销的崛起

经历 100 多年的发展，市场营销学科形成了怎样的演进逻辑？遵循着这样的发展主线，社会化媒体营销又何以崛起？如何更好地利用社会化媒体营销提升社会交换的效率和效果？上述几个问题一直是学者们在思考的问题，并不断地通过其研究成果揭示出问题的答案。

梅勒、鲁斯和邓三位学者于 2013 年年初在 *Marketing Science* 期刊上发表题为 *A keyword history of marketing science* 的特约论文，将 1982—2011 年在 *Marketing Science* 期刊频繁出现的关键词进行了筛选，研究结果发现了 26 组高频关键词（见表 1 - 1）。

表 1 - 1　1982—2011 年 *Marketing Science* 的高频关键词

序号	关键词	中文名	频次
1	Pricing	定价策略	122
2	Game theory	博弈论	89
3	Advertising	广告策略	61
4	Choice models	选择模型	59
5	Channel	渠道策略	58
6	Competitive strategy	竞争战略	52
7	Econometric models	计量经济模型	50
8	Promotion	促销策略	46

续表

序号	关键词	中文名	频次
9	New products	新产品	46
10	Brand choice	品牌选择策略	45
11	Retailing	零售策略	45
12	Competition	竞争	43
13	Bayesian analysis	贝叶斯分析	38
14	Diffusion	扩散	37
15	Hierarchical Bayes	多层贝叶斯	37
16	Buyer behavior	购买者行为	27
17	Forecasting	预测	27
18	Conjoint analysis	联合分析	26
19	Customer satisfaction	顾客满意度	25
20	Price discrimination	价格歧视	23
21	Market structure	市场结构	22
22	Marketing mix	营销组合	22
23	Marketing strategy	营销战略	22
24	Structural models	结构化模型	22
25	Internet marketing	网络营销	21
26	Motion picture	电影	21

胡博、卡马库拉和梅勒三位学者于2014年年初在 *Journal of Marketing Research* 期刊发表题为 *A topical history of JMR* 的特约论文，将从1964—2012年发表于 *Journal of Marketing Research* 期刊的高频关键词进行了统计，同样发现了26组高频词（见表1-2）。

表1-2 1964—2012年 *Journal of Marketing Research* 的高频关键词

序号	关键词	中文名	频次
1	Consumer behavior	消费者行为	563
2	Method	研究方法	413
3	Advertising	广告策略	195
4	Measurement	测量	192

续表

序号	关键词	中文名	频次
5	Survey research	调查法研究	183
6	Strategy	战略	171
7	Brand choice	品牌选择策略	169
8	Purchase behavior	购买行为	161
9	Product	产品策略	149
10	Empirical research	实证研究	133
11	Brand	品牌策略	132
12	Decision research	购买决策研究	118
13	Sales force research	销售队伍研究	103
14	Marketing research	营销研究	103
15	Channels research	渠道策略研究	100
16	Dimension reduction	降维	93
17	Assortment	搭配策略	82
18	Experiments	实验法	81
19	Basic statistics	基本统计	76
20	Competition	竞争	67
21	Segmentation research	市场细分研究	64
22	Pricing	定价策略	62
23	Econometrics	计量经济	60
24	Promotion	促销策略	51
25	Heterogeneity	异质性	42
26	Theory	理论	42

埃森德于 2015 年在 *Journal of Marketing* 期刊发表题为 *Have we progressed marketing knowledge? A meta – meta – analysis of effect sizes in marketing research* 的论文，进一步将市场营销学科的研究主题提炼为八个方面，并对每个方面的重点期刊进行了统计和梳理（见表 1 –3）。

表1-3　市场营销学科的研究主题

序号	研究主题	重点刊物
1	广告策略（Advertising）：研究广告特征或刺激物对消费者反馈的影响	*International Journal of Advertising*, *Journal of Advertising*, *Journal of Advertising Research*
2	渠道策略（Channels）：研究渠道特征与渠道成员关系对渠道成员反馈及企业绩效的影响	*Industrial Marketing Management*, *Journal of Business to Business Marketing*, *Journal of Retailing*
3	消费者行为（Consumer behavior）：研究营销刺激物与消费者自身特征对消费者反馈的影响	*Journal of Consumer Psychology*, *Journal of Consumer Research*, *Journal of Marketing Research*
4	研究方法（Method）：研究数据收集与测量的不断优化	*International Journal of Research in Marketing*, *Journal of Marketing Research*, *Marketing Science*
5	新产品开发（New product development）：研究新产品开发策略、过程、情境与产品特征等对新产品开发成败的影响	*Journal of Product Innovation Management*
6	定价策略（Pricing）：研究产品变动与定价策略、促销与交易特征以及环境特征对消费者价格弹性的影响	*Journal of Marketing Research*, *Journal of Retailing*
7	销售策略（Sales）：研究销售人员特征、销售情境、销售任务对销售绩效与顾客反馈的影响	*Journal of Personal Selling and Sales Management*
8	战略（Strategy）：研究企业特征、企业战略与策略、竞争环境特征等对消费者反馈及企业绩效的影响	*International Journal of Research in Marketing*, *Journal of Marketing*, *Journal of Marketing Research*, *Marketing Science*

在上述学者的研究成果基础之上，学者库玛之后也在 *Journal of Marketing* 期刊发表题为 *Evolution of marketing as a discipline*：*what has happened and what to look out for* 的论文，将市场营销学科自1936年以来的发展划分为九个时间段（见表1-4）。

表 1－4　市场营销学科 1936 年以来的发展

序号	时间段	发展
1	1936—1945 年	市场营销学科作为一门应用经济学出现，重点关注基本概念与基本原理的阐述
2	1946—1955 年	市场营销学科作为一种管理活动存在，聚焦营销职能与系统生产力的提升
3	1956—1965 年	市场营销学科作为一门定量研究科学存在，重点关注对营销组合作用的评估
4	1966—1975 年	市场营销学科作为行为科学开始崭露头角，兴趣点在于发现消费者与组织的行为规律
5	1976—1985 年	市场营销学科作为一门决策科学存在，关注如何精准地制定市场营销的战略与战术
6	1986—1995 年	市场营销学科又作为一门整合性科学存在，聚焦识别市场营销活动将要遇到的各种可能性
7	1996—2004 年	这一阶段开始将营销视为一种稀缺的资源，学科关注点转移到顾客营利性的研究与资源分配策略的制定
8	2005—2012 年	营销又被视为一项重要的投资，市场营销学科开始关注营销活动的可计量性与顾客的中心性
9	2013 年之后	营销开始被视为组织的一个有机组成部分，学科关注点为新媒体影响下的营销规律研究

综上可以看出，市场营销学科的发展始终与市场营销活动的演进密切相关，二者相辅相成，经历着良性循环。而在这一良性循环的过程中，社会化媒体营销正悄悄崛起。

1979 年，美国杜克大学的两位研究生特鲁司考特和艾丽丝创造出一种分布式的互联网交流系统，他们将其称为 Usenet，取“User Network”之意。Usenet 系统第一次使全世界的用户在一个统一的平台上发布公共信息，并互相交流讨论。Usenet 的最初构想是借助网络进行技术信息交流，后来被推广到大众领域，如社会新闻、业余爱好、个人兴趣等主题，该系统最主要的特色是统一分组、全球转发消息。Usenet 的出现标志着新媒体开始萌芽，但更具意义的标志性事件则来自 OpenDiary 的创立。

OpenDiary 由布鲁斯·艾伯森和苏珊·艾伯森于 1998 年 10 月 20 日创立，是一个向全世界日记写作者提供写作与交流平台的互动系统。该系统使日记的阅读者可以在他人撰写的日记后发表评论，同时又赋予日记写作者一定的隐私权，即只对自己的好友开放自己的日记空间。OpenDiary 一度成为超过 500 万篇日记的原始储存空间，并被视为新媒体的雏形，同时催生出“博客”（Blog）一词。早期人们将 OpenDiary 上面存放的日记称为“weblog”，原意为“网页上的日记”，这一单词之后被网友改写成“we - blog”的形式，意为“我们写日记”。“Blog”一词便应运而生，并被翻译为“博客”。伴随着上网速度的不断提升，博客一词的认可度越来越高，并取代 OpenDiary 成为这一类型互动系统的称谓。

博客的产生使得个体能够在全世界范围内与其好友就日记内容展开互动，但未能完全满足好友间日常社交活动的需求。在这一背景下，诸如 MySpace（2003）、Facebook（2004）、Twitter（2006）、人人网（2005 年创立之初为“校内网”，2009 年 8 月更换为现在的名称）、新浪微博（2009）等增强了社交功能的网站陆续面世。由于这些网站强化了社交功能，是人际互动的重要媒介，因此在英文中被统称为“social media”，在中文中则被直译成“社会化媒体”，这便是社会化媒体产生的时代背景。

社会化媒体的概念界定一直以来缺乏一个统一的标准。如德莫普拉斯等学者认为社会化媒体是一种软件，提供使用者与他人线上交换、协作创造内容。梅菲尔德等学者认为社会化媒体是所有新兴媒体的统称，具有参与、开放、沟通、社区、联结等特性。博伊德认为社会化媒体涵盖了工具、服务与应用，让使用者可以通过互联网技术与他人线上互动。索利斯和布莱肯里奇认为社会化媒体是在阅读与信息传递的过程中，传播者与阅读者角色转换，从而创造出来的共享内容，这一信息传递的过程改变了传播的形式。韦伯认为社会化媒体是具有共同兴趣或共同关心的议题的群体，为了满足相似利益、表达自我与沟通而组织形成的网络社区。卡普兰和海因兰认为社会化媒体是由 Web2.0 概念发展而成的网络应用程序，让使用者自行创造并交换内容。

综合已有对社会化媒体的定义，本书把社会化媒体定义如下：社会化媒体是通过网络通信与沟通技术，提供使用者在网络平台进行线上互动与内容转移的工具、服务、应用的总称。社会化媒体提供一个线上的虚拟空间，让使用者能够发布信息、搜寻信息并发表评论，让拥有共同兴趣的网友有机会通过社区分享彼此的意见或协同创造内容。

社会化媒体的类型有很多种划分方法，本书采用其中较为主流的方法将社会化媒体划分为沟通型、多媒体型和娱乐型三类。这一划分方法是由莫莉卡等学者于 2009 年提出的。

1. 沟通型社会化媒体

沟通型社会化媒体包括博客、微博、社交网络等主要类型。

博客是一个可公开评论的线上平台，是各种信息的来源，任何人都可以在上面发表意见、评论或联结至他人的网站。典型的博客包含文字、图像与联结（至其他博客、网站、相关主题）等功能。有些博客会以主要功能呈现，如图像式博客、影音博客、音乐型博客。博客除了以个人或主题的方式呈现之外，企业也可以建立专属的博客，如 www. direct2dell. com（Dell），blogs. sun. com（Sun Microsystems）等。

微博（micro－blog），又称微网志，是一种结合社会网络与小型博客功能的社区平台。微博属于公开性账户，以非强制性的方式群聚来自不同地区的社区用户，任何人都可转发微博内容，可在自己的微博中看到追踪者的最新信息。用户可以通过电脑或手机连线发布短讯，在社区上分享自己的看法、意见与经验，如 Twitter（twitter. com）、Plurk（www. plurk. com）、新浪微博（t. sina. com. cn）。

社交网络（Social Networks，SNS）是驱动 Web 2.0 技术发展的关键，因为社交网络提供使用者在内容上的高度控制性，是一个让使用者得以相互联结的网络空间，多数使用者使用社交网络的原因来自他们的社交需求与信息搜集需求。如微信、Facebook（www. facebook. com）与 MySpace（www. myspace. com）。

2. 多媒体型社会化媒体

多媒体型社会化媒体是一种线上应用程序，提供使用者分享图片（Flickr，www. Flickr. com；Picasa，picasa. google. com）、组织分享影片（优酷，www. youku. com）、现场直播（BlogTV，www. blogtv. com）等功能。

3. 娱乐型社会化媒体

娱乐型社会化媒体是通过虚拟社区提供使用者的虚拟角色，发展在线人际关系与情感的社会化媒体类型。娱乐型社会化媒体具有群聚特征，可以长时间进行公众事务讨论或休闲娱乐活动，如 Second Life（www. secondlife. com）、World of Warcraft Community Site（www. worldofwarcraft. com）都属于这一类型的社会化媒体。

社会化媒体的产生与发展给企业的营销活动带来了许多的启示，社会化媒体营销也应运而生。社会化媒体营销指的是利用社会化媒体，如微博、社交网络等进行的网络营销活动。社会化媒体营销的基础就是以社会化媒体为平台进行营销的手段。

根据陈亮途（2011）的观点，社会化媒体营销与传统媒体营销最大的区别，其实并不是“媒体”，而是在于过程。如果说传统媒体营销只能完成“联系”（connect）这个过程，再加上活动营销、客户服务、客户服务管理就可以完成“管理”（manage）这个过程，那么，再加上在社会化媒体上跟消费者交流、互动，就会做到“深化关系”（engage）。在社会化媒体营销中，企业和品牌要变成社会化品牌（social brand），跟消费者“社交”起来：聊天、互动、玩游戏、开玩笑，放下身段，让品牌活在人群里，成为一个鲜活的品牌（living brand）。从这一观点出发，社会化媒体营销具有以下四个重要特点。

（1）形成关系。社会化媒体营销的基点在于关系。你跟我有关系，你才愿意接受我的信息、观念、产品。媒体与用户建立关系才能够触发他们的行动，触发行动是人们对于营销的反馈，是对营销效果判断的一个标准。人们正处在一个“我时代”的背景下，追寻个性，取代宏大叙事的是碎片化内容的蓬勃壮大。关系呈现出“意思比意义更容易红”的特点。

（2）情感链接。情感是建立并维护关系的一个重要手段。社会化媒体营销中常常会发现“情感渗透”。《新周刊》杂志通过建立“机构微博”与其读者建立联系，并营销内容与刊物。在微博上，它每天早、晚都会发一条励志的话语，再加上“早安朋友”“晚安朋友”之类的问候语，如邻居朋友一样每天都会与读者“碰面”。这种“定期约会”的方式有效地帮助《新周刊》与读者建立情感链接，增进读者对其品牌及其举办活动的认知，很好地延伸并拓展了自我价值。

（3）微链运转。社会化媒体出现之后，提供了一种碎片化的传播，或称裂变式传播，使得遇见“既呈现出定数，又呈现出变数”。借助微链，通过六个人人们就能与世界上的任何一个人相识。微链是一个没有中心的世界，影响力来自“不做中心而去影响中心们”，以此实现自身的中心地位。社会化媒体营销要充分发挥好“微链”的功效，在关键节点上排兵布阵，把握话题导向，促发行动。

（4）切片营销。切片化的技术操作源于对目标受众的深刻认识，对内容的深刻运用。微时代要对内容进行切片化处理才能实现高效传播。切片营销的核心是“微”——微内容、微动作、微表达、微成本，等等，这些降低了网友的转发和操作门槛。因此，在社会化媒体营销时必须要把营销内容打碎。微传播中每一个人都是一个节点，每个节点向外散发新的传播能量。参与者更看重表达本身，而不是去叩问真相，因此常导致理性的声音被淹没掉。切片营销“多节点、多链条”，不好控制话题的走向，因此，要注意掌握节奏、控制大局、把握方向。

五、社会化媒体营销的分析框架

随着研究成果的不断丰富与沉淀，学者们开始对社会化媒体营销领域的相关文献进行梳理，以提炼出社会化媒体营销的关键研究问题，并构建社会化媒体营销的整体分析框架，从而帮助各方因势利导地推动社会化媒体营销的进一步开展。

梁和特班提出了社会化媒体营销研究的十个主题：使用者行为、企业绩效、社会网络分析、选择策略、商业模式、企业战略、网站设计、社会化过程、个人隐私权和政策（见图 1－1 上部）。但这些研究主题较为分散，仅为简单的罗列，彼此间缺乏内在的逻辑联系，未能形成一个总体的架构。此外，梁和特班提出的研究主题中并未涉及信息方面的主题，如用户产生内容（UGC）、口碑传播等。但多位学者的研究指出，信息传播对社会化媒体营销活动的绩效存在显著影响。因此，一个更为全面也更具整合性的研究主题架构亟待提出。

在此背景下，王和张开始对社会化媒体营销的研究主题进行凝练和扩展，以更好地理解本领域的研究主线。两位作者借鉴张和本杰明开发的信息模型（Information model，I－model），将社会化媒体营销的研究主题归纳为用户、管理、技术与信息四个方面。用户指的是参与社会化媒体营销活动的买方，既可以是小规模的消费者个体，也可以作为大范围的社群存在。对用户方面的研究应更多关注其购买行为规律。管理指的是影响社会化媒体营销绩效的一系列手段、方式与方法，既涵盖战略的制定，又涉及战术的执行。对管理方面的研究应更多关注参与社会化媒体营销活动的卖方制订的商业战略、商业模式、政策环境、运营过程等。技术指的是社会化媒体营销顺利运行的技术保障。对技术方面的研究应更多关注社会化媒

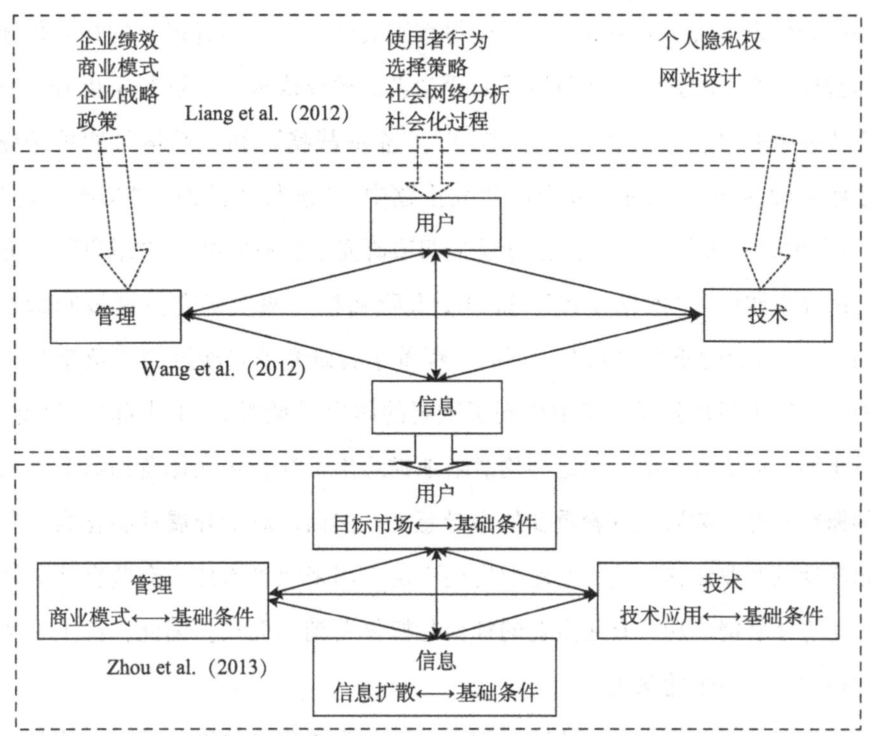

图1－1　社会化媒体营销研究主题的演进历程

资料来源：陶晓波，杨学成，许研．社会化商务研究述评与展望［J］．管理评论，2015（11）：75－85.

体营销活动中运用的各种软件、硬件、技术设施、技术平台、技术运用、技术服务等。信息包括由 Web 2.0 技术推动的用户产生内容（User－Generated Content，UGC），以及用户产生内容随口碑被传播的过程。对信息方面的研究应更多关注信息的产生、处理、散播、吸收与使用等环节。用户、管理、技术与信息四个方面既可以独立作为社会化媒体营销的研究主题，同时又相互影响，其关联性同样作为研究主题存在。在王等学者看来，用户与信息是社会化媒体营销研究中最重要的两方面研究主题：用户是社会化媒体营销发展的核心驱动力，用户的变化会带来管理的改进、技术的创新及信息的新一轮产生与扩散；而信息的质量和传播过程能直接影响社会化媒体营销的绩效，同样值得特别关注。王等学者提出的社会化媒体营销研究主题归纳模式收纳了梁等学者的研究成果，并进行了提升：原来研究中的“企业绩效”“商业模式”“企业战略”和“政策”四项研究主题被归纳在“管理”方面的研究主题中，“参与者行为”“选择策略”“社会网络分析”与“社会化过程”四项研究主题被归纳在“用户”方面的研究主题中，“网站设计”和“个人隐私权”两项研究主题被归纳在“技术”方面的研究主题中。同时，梁等学者研究中未涉及的“信息”方面的研究主题在此项研究中得到了重要的体现（见图1-1中部）。因此，基于四方面要素的研究主题架构清晰地描绘出了社会化媒体营销研究领域的概貌，对后续研究有着重要的指导意义。然而，对于开展社会化媒体营销活动的企业而言，这一主题架构还不足以用来回答为什么有些企业的社会化媒体营销成功，有些企业的社会化媒体营销却失败。因此，该主题架构还需要进一步的深化。

在王和张两位学者的研究基础上，周、张和兹莫曼进一步引入战略对应模型（Strategic Alignment Model，SAM）对主题架构进行了深化。战略对应模型主要从“内容”和“过程”两个方面关注信息技术战略与企业战略相对应的问题。前者指信息技术战略规划与企业战略规划中需要达到对应的要素，如组织结构、信息系统结构、信息技术基础设施、企业战略类型、管理模式、信息技术人员等；后者则是战略对应的实现途径，即企业战略规划与信息技术战略的集成方式，如战略目标集转化法（SST）、企业系统规划法（BSP）、关键因素法（CSF）、组合分析法（PA）、价值链分析方法（VCA）等。借助这一理论，周等学者认为社会化媒体营销领域的研究还应当关注企业在目标市场选择、商业模式制订、信息接收与扩散、技术应用等方面与企业基础条件之间的匹配性。需要指出的是，在周等学者的研究中，“管理”研究主题的名称被替换成了“商务”。但从全文内容来看，“商务”研究主题与“管理”研究主题涵盖的内容并未体现出差异，本书因此统一用“管理”一词代表。周等学者的研究成果的一个重要指导意义在于，社会化媒体营销领域的研究还要考虑四类主题内部在战略制订与基础条件上的匹配（见图1－1下部）。

图1－1自上而下、清晰地展示出社会化媒体营销研究主题架构的演进历程。自最早梁等学者对研究主题简单地罗列为十个要素后，王等学者将其凝练为四类要素与要素间的相互影响，周等学者则将每类要素内部战略制订与基础条件的匹配性纳入，进一步丰富了本领域的研究主题架构。据此，本研究将社会化媒体营销研究主题架构分为以下三个层面：①单一要素，该层面的研究主题关注用户、管理、技术与信息四个要素独立效应的发挥；②要素间的交互性，该层面的研究主题关注用户、管理、技术与信息四个要素之间交互效应的发挥；③要素内的匹配性，该层面的研究主题关注每类要素内企业战略与基础条件的匹配性（见表1－4）。上述三个层面形成社会化媒体营销领域的主题架构，并成为本研究分析本领域研究热点的基础。

表1－4　社会化媒体营销的研究主题架构

研究主题		研究内容
单一要素	用户	参与社会化媒体营销的买方呈现出的购买行为规律
	管理	参与社会化媒体营销的卖方制订的商业战略、商业模式、政策环境、运营过程等
	技术	社会化媒体营销中运用的各种软件、硬件、技术设施、技术平台、技术运用、技术服务等
	信息	社会化媒体营销中由Web 2.0技术推动的用户产生内容、口碑等信息的产生、处理、散播、吸收与使用等环节

续表

研究主题		研究内容
要素间交互性	用户×管理	如何基于买方行为特征的差异制订合适的商业战略、商业模式、政策环境、运营过程等
	用户×技术	如何基于买方行为特征的差异开发各种软件、硬件、技术设施、技术平台、技术运用、技术服务等
	用户×信息	不同类型的买方在信息的产生、处理、散播、吸收与使用等环节上的差异
	管理×技术	商业战略、商业模式、政策环境、运营过程与软件、硬件、技术设施、技术平台、技术运用、技术服务之间的匹配
	管理×信息	信息产生、处理、散播、吸收与使用等环节各自对应的商业战略与商业模式是什么
	技术×信息	如何基于技术开发提升信息对社会化媒体营销绩效的促进作用
要素内匹配性	用户：目标市场×基础条件	目标市场选择与企业基础条件之间的匹配性
	管理：商业模式×基础条件	商业模式制订与企业基础条件之间的匹配性
	技术：技术应用×基础条件	技术应用实施与企业基础条件之间的匹配性
	信息：信息扩散×基础条件	信息扩散驱动与企业基础条件之间的匹配性

在此基础上，本书将通过对以下几个问题的解答来对典型企业的新媒体营销案例展开分析，并提炼出对策建议：

第一，该企业运用了哪种或哪些社会化媒体来开展营销活动？

第二，该企业是如何与消费者展开互动或引导消费者之间展开互动的？消费者自己是如何评价这种互动行为的？

第三，该企业采用的商业模式是什么（具体分析该企业是如何营利的）？这种商业模式更加注重短期，还是更加看重长期？

第四，该企业在其自身的营销活动中是如何实现信息的传播与扩散的？

第五，基于上述四个方面的分析，该企业最核心的竞争优势是什么？竞争对手能否模仿它的这种做法？

第六，该企业现存的最大问题是什么？如何形成有针对性的对策建议？

参考文献

[1] 王俊杰．构建符合中国实际的营销学科框架体系——基于国际比较和实践演化的视角［J］．中国大学教学，2014（9）：50－54.

[2] 石梦菊．试论市场营销学的基础学科体系［J］．环渤海经济瞭望，2013（3）：55－57.

[3] 王希泉．国内社会营销学科发展态势的计量统计与知识图谱分析［J］．价值工程，2013（4）：317－318.

[4] 夏春玉，丁涛．营销学的学科渊源与发展：基于思想史视角的探讨［J］．当代经济科学，2013（1）：103－109，128.

[5] 杨志勇．营销学科图谱［D］．上海：东华大学，2011.

[6] 鲁成，汪泓，陈振堃．社会化媒体营销中关系强度对消费者影响的机理研究［J］．现代管理科学，2016（8）：30－32.

[7] 边微，房雪．新媒体时代社会化营销策略的创新应用［J］．黑龙江科学，2016（13）：118－119.

[8] 胡柳波，黄曼，朱梦明，雷楠，张文帝，蹇秋兰，解青，柯文涛．湖北采花毛尖的社会化媒体营销模式研究［J］．企业导报，2016（13）：115.

[9] 李颖．社会化媒体下的事件营销问题及对策研究［J］．企业导报，2016（13）：106－107.

[10] 陈艳．社会化媒体营销的七个关键点［N］．企业家日报，2016－07－01（7）.

[11] 李佰伦．社会化媒体营销视域下体育明星形象塑造研究［D］．长春：吉林大

学，2016.

[12] 刘德杰. 博物馆的社会化媒体营销研究 [D]. 长春：吉林大学，2016.

[13] 代晔，刘益. 谈企业利用社会化新媒体营销的策略——以微信微博营销为例 [J]. 北京印刷学院学报，2016 (3)：52 – 55.

[14] 侯谐. 浅析大数据在社会化媒体营销中的应用 [J]. 现代营销：下旬刊，2016 (5)：70.

[15] 单佳佳. 社会化媒体背景下企业品牌营销策略 [J]. 东南大学学报：哲学社会科学版，2016 (1)：23 – 25.

[16] 肖春兰. 试论基于社会化媒体背景下的企业微营销 [J]. 中国商论，2016 (14)：12 – 13.

[17] 张丹. 试分析社会化媒体时代图书社群营销模式 [J]. 商场现代化，2016 (16)：54 – 55.

[18] 陈绮莹. 社会化媒体时代中的“卖萌式”营销分析 [J]. 新闻研究导刊，2016 (8)：145 – 146.

[19] 杜娟. 社会化媒体时代图书社群营销的逻辑建构 [J]. 出版广角，2016 (2)：66 – 68.

[20] 田青. 企业开展整合营销传播的过程中社会化媒体的运用策略 [J]. 新媒体研究，2016 (2)：39 – 40.

[21] 王海玉. 面向社会化媒体的畜牧企业品牌营销策略探究 [J]. 黑龙江畜牧兽医，2016 (4)：219 – 221.

[22] 赵曙光. 社会化媒体的公益营销渠道和参与创新 [J]. 传媒，2016 (2)：87 – 89.

[23] 王艺凝，徐燕. 国产电视剧社会化媒体营销问题及优化策略 [J]. 新闻研究导刊，2016 (1)：92.

[24] 陈金先. 大数据与社会化媒体营销的转变 [J]. 传媒，2016 (1)：57 – 58.

[25] 宁文斐. 介入与镶嵌 [D]. 北京：北京服装学院，2016.

[26] 陈亮途. 社会化营销：人人参与的营销力量 [M]. 沈阳：万卷出版公司，2011.

第2章　可口可乐公司的社会化媒体营销分析

一、环境分析

（一）外部环境分析

可口可乐，这个国人熟悉的商业品牌已经有100多年的历史。可口可乐在中国饮料市场上占据强有力的优势地位，已经连续多年被评为最受中国国民欢迎的饮料。然而，进入新时期后，随着电子商务的快速发展以及来自百事可乐、统一集团和汇源等品牌的强势冲击，可口可乐公司面临的竞争压力也日渐加重。

1. 政治环境

目前，我国已经与美国、欧盟、日本以及东南亚国家都建立了良好的经贸关系。近年来，我国国内的形势较为稳定，政治体制不断完善，民主与法制的进程也大大加快，对外资企业来说具有良好的经济发展基础。近年来《企业法》《合同法》等相关经济法规的陆续出台，也为企业遵循相应的规则，通过诉诸法律来维护自身的权益提供了基础。

2. 经济环境

2006年以来，中国的经济发展便一直在刷新纪录。近几年，随着中国调整经济结构、优化经济发展方向，中国企业也积极地走出去，扩大自己的影响力。新时期，随着经济新常态的来临、供给侧改革的逐步实施以及资本金融市场化战略的加强，中国未来仍有巨大的发展潜力和发展空间。此外，中国居民生活水平在不断上升，未来对高品质产品的需求也会不断增加。在这种背景下，可口可乐公司可凭借其在中国消费者心中良好的品牌和企业形象，继续扩大市场份额。

3. 技术环境

饮料市场中的很多企业都加大了对饮料开发技术的投入，不断地推出新口味的产品或改变原有产品的口味和成分。所以，可口可乐公司面临着很大的挑战。但是，可口可乐公司仍有自己的核心优势，它保留了神秘的“7x”物质，可口可乐的配料仍不为人知。

4. 社会文化环境

作为全球的知名品牌，可口可乐在美国人民心中有着浓烈的家国情怀。这一现象主要源于可口可乐公司在“二战”时期为前线士兵以 5 美分一罐的价格提供可口可乐饮料，为可口可乐在战后一段时期的辉煌奠定了基础，也使得可口可乐深刻地印在美国人的心中。不过，近年来随着人们健康、安全意识的增强，可口可乐含有的咖啡因、较高的热量受到了人们较多的诟病。新的热量低的可乐的出现，也对可口可乐形成了强有力的挑战。

5. 行业环境分析

（1）现有竞争者之间的竞争：可口可乐所面临的竞争者主要来自百事可乐和一些占领了细分领域的中小企业。百事可乐和可口可乐在可乐饮料市场形成了寡头垄断，它们之间的竞争在所难免。不过两家都有各自的偏好群体和稳定的客户来源，所以百事可乐与可口可乐的竞争将是长期的，却不至于到致命的程度。可口可乐最大的竞争者还是饮料行业潜在的竞争者。

（2）新进入者的威胁：由于规模经济和进入壁垒，对可口可乐这样的巨头来说，新进入者将面临巨大的压力。新进入者在成本、生产规模、销售渠道以及品牌推广等方面容易遭到市场领先者的打击。因此，从另一个方面来说，可口可乐公司面对新进入者时有很强的竞争力。

（3）替代者的威胁：从现有的饮料行业来看，可口可乐公司面临的替代者的威胁似乎还不明显。但值得警惕的不仅有饮料行业，其他饮品对于可口可乐的冲击也不能掉以轻心。对于可乐的替代品来说，如果价格压得较低的话，可乐的溢价能力也会受到限制，这无疑会加剧市场竞争。

（4）购买商的讨价还价能力：一、二线城市的经销商掌握着较多的渠道，议价能力大；对于沃尔玛、家乐福这样的销售终端，它们的铺路费、进场费都比较高，因此供应商的讨价还价能力较弱。对于可口可乐这样的国际知名品牌来说，可凭借其良好的品牌效应和营利能力选择较好的供应商。同时基于自身的发展战略，可建立自己的供应渠道。

（二）内部环境分析

可口可乐公司的竞争优势在于以下五个方面。

1. 品牌悠久

可口可乐公司自 1886 年成立以来，经过 100 多年的发展，已成为全球饮料行业的巨头。其品牌影响力在世界上也是数一数二。无论是青少年、学生、运动爱好者，还是一般的普通职工、家庭住户，都可随处见到可口可乐的身影。可口可乐已成为人们生活中的一部分。

2. 销售网络遍布全球

可口可乐销路布建十分完整，不仅在各大商场、快餐店、小卖店随处可见，其自动贩卖机的装置也为可口可乐构建了强大的销售渠道。

3. 高度的创新能力

可口可乐公司在面临其他饮料产品的激烈竞争时，不断地推陈出新，满足客户的需求。特别是健怡可口可乐的推出，刚一上市就立刻成为市场宠儿。

4. 本土化战略的实施

可口可乐公司放弃了长时间坚持的美国文化路线，这主要体现在其广告与中国文化的结合。在中国的春节期间，可口可乐运用一系列的明星代言与中国的目标消费群体沟通，赢得了中国消费者的好感，成功打开了中国市场。

5. 以充分满足顾客需求为主的经营理念

可口可乐公司之所以能够成功，最主要在于它真正站在顾客的角度思考：不仅要把产品做好，服务质量、品牌价值以及对社会的反馈和企业承担的社会责任等，都要做得令顾客满意。

可口可乐公司的竞争劣势在于以下三个方面。

第一，组织机构庞大，执行效率难以保证，也不利于控制。

第二，由于可乐内含有咖啡因等成分以及热量高的问题，在消费者心中形成的不良印象难以轻易改变。

第三，年轻族群对可口可乐的产品认同感要略低于百事可乐。可口可乐公司在国际市场上所取得的成功，与其完善的销售渠道和科学的销售策略有很大的关系。

二、可口可乐公司的网络营销战略

（一）打造一流品牌

对于每一个行业来说，品牌的管理经营至关重要，每一个大品牌的知名度及口碑往往都是消费者选择某家企业产品的重要指标。可口可乐公司是世界上最早注重自己商标和品牌的企业之一，并通过不断努力而成为世界上最有价值的品牌。可口可乐的品牌形象早已深入人心，可口可乐成为各大购物中心随处可见的商品之一。可口可乐这个品牌不但历史悠久，而且传承了美国人独特的本土文化，从顾客定位来说重点在培养不同阶层顾客对可口可乐品牌的好感。

（二）市场的开拓

可口可乐公司认为：营销本不应该是什么高深莫测的能力，而是一种解决实际问题的工作方法。企业营销的主要意义有两个方面：一是考虑如何去创造消费者需求；二是加强消费者对品牌的认知。总体来说，可口可乐公司有以下四大营销战略。

1. 广告

可口可乐公司的广告创意独特，不同凡响，而且与本土文化结合起来，挖掘本土文化的精髓然后充分利用。如在中国的“风车篇”“舞龙篇”“泥娃娃阿福贺年”，中国气味十足，给人一种亲切的感觉。可口可乐还高价聘请各界明星加盟，吸引全球大众的眼球，起到事半功倍的营销效果。

2. 赞助

可口可乐公司通过赞助全球体育赛事（奥运会、世界杯），教育、文化类活动以及社会公益活动来强化自己的品牌形象，提升自己的品牌美誉度。

3. 促销活动

可口可乐公司通过推行一系列的促销活动使短期销售量增加，重点研发新产品或新包装，利用新的产品来提升市场占有率。

4. 可口可乐

经过 100 多年历史的沉淀，可口可乐已成为世界上最著名的产品之一，目前是全球排名第一的碳酸饮料。所以它的市场份额占比很高，但是由于长期的发展也造成增长率不会特别高，以后可能会处在一个平稳的状态。

（三）品牌经营战略

1. 赞助各大体育赛事

可口可乐公司一直把体育作为提升品牌形象的主要渠道之一，通过赞助奥运会、世界杯等有世界影响力的体育赛事来获得良好的公众形象与知名度，同时这些体育赛事也为它提供了广告与促销的机会。

2. 本土化战略

可口可乐公司采用本土化思维、本土化行动，与当地的文化结合，不一味地按美国的思维模式营销。

3. 多元化战略

随着社会科技的发展，可口可乐公司面对来自不同领域的潜在对手的竞争，不再生产单一的碳酸饮料而是扩展其他饮料品种。这些创新抢占了新兴市场，不断增强了企业的品牌效应。

三、可口可乐公司使用的社会化媒体营销

新媒体由于营销成本特别低廉，对于每一个企业甚至是个人来说，都是一个成功的机会，如果恰当地利用或许明天就可以成为万众瞩目的焦点，这就是现代社会新媒体营销的力量。但是理想很丰满，现实却十分残酷，用户可以在每一个网站发表自认为还不错的文章或者分享几个好玩有趣的段子，然而观众却不一定会为其买账，更不用说会引爆一个营销话题。如何利用新媒体成功营销，让我们来看看可口可乐的做法。

歌手林俊杰发布的一条微博说："谢谢可口可乐送我有专属名字的瓶子，Special edition Coke bottle with my name，thanks Coca Cola！"随后又有包括王心凌、黄晓明、林更新、蔡少芬、陈建州等一共2430位各个领域的明星和意见领袖在自己的社交网站上分享了自己收到可口可乐"昵称瓶"的惊喜和疑惑。所有送出去的"昵称瓶"都是可口可乐公司特意为这些名人定制的，并在随后正式宣布推出"昵称瓶"的包装，此举引发了网友广泛热议。一时间，可口可乐换包装的消息遍布微博、天涯、豆瓣、人人等新媒体平台。不久后，大量传统媒体也就此事跟进报道。

社交媒体具有很多独特性，有些内容就像病毒一样传播，有些内容则不容易传播。前可口可乐大中华区营销总监陈慧菱说："经过我们研究后发现，大部分网民都有一种群体性的网上行为，那就是不管什么事都喜欢

‘围观’。尤其是悬念类的话题特别容易引发网友围观。”

（一）可口可乐公司与顾客的交流与沟通

近几年开始，可口可乐公司先后与多家大型网络游戏的运营商合作，共同建立了网络互动营销平台。社交网站及应用 APP 吸引年轻一代消费者的眼球，能够很好地将产品的形象、产品的信息完整地传递给消费者。

（二）可口可乐公司的商业模式及分析

1. 商业模式

（1）目标市场：可口可乐为实现长期发展目标，主要依赖海外市场，其产品可以说是无处不在。可口可乐一直采用无差异化市场覆盖策略，其客户相对比较广泛。从其近年来的广告可以看出，可口可乐把目标集中在青年人身上，广告的画面主要以活泼积极的青年形象为主体。

（2）生产分析：可口可乐的生产具有一定柔性。此外还在第一线生产过程中采用了大量的生产管理技巧，通过对一些精细问题的研究有效地提高了生产效率。

（3）物流模式：可口可乐一般在较大的区域使用自己的配送系统、员工，有小部分外包给外部的物流公司做。在配送和调拨发货的过程中有一个整体的系统（发起、调拨、发货、中转、配送、完成），这个过程极大控制了成本，提高了物流的效率。

（4）低成本控制：软饮料的定价不尽相同。因为成本低，所以零售时就可以适量加价，这样在生产到售卖之间能让负责中间环节的企业挣到更多的钱。比如，企业的股东、瓶子的制造商、批发商等，都可以挣到钱。可口可乐的销量巨大，让和可口可乐打过交道的人都挣到钱，这样人们才会愿意和可口可乐合作。

（5）营销“101”模式：所谓“101”模式，就是“1：一体结盟，把批发商看成公司的一部分”“0：零售目标”“1：一瓶在手，欢乐无穷”。如此一来，可口可乐公司将一部分批发商定义为“101”客户，中间省略掉很多二级批发商，这样就减少了很多成本及时间。每家“101”客户都配有几个专业的代表负责与区域的零售店沟通，用以了解他们的需求。针对大的客户，公司还会分派不同的人员负责不同的市场。这样长时间下来，业务代表和零售商也就可以保持良好的关系，有利于及时补货发货，同时也可及时了解其掌握的零售商的情况，有一些促销活动或是介绍新产品也会比较方便。

2. 长、短期权衡

作为一家百年企业，可口可乐公司当然更看重长远的发展而不是一时的昙花一现。从产品来看，可口可乐公司一直在推陈出新，根据地域的不同推出符合当地口味的饮品，如雪碧、芬达等，单单可口可乐就有零度可乐和健怡可乐，有的地方的可乐还有别的口味。可口可乐从产品上适应着不同的地域，也适应着时代。

从生产上讲，可口可乐最神秘的就在生产上。虽然生产模式并没有特别神奇之处，别的企业也尽可模仿，但是可口可乐的配方是独一无二的。配方的神秘吸引了消费者的购买，更是成为企业长期发展的保障。

四、可口可乐公司的营利模式分析

可口可乐公司在国际市场上所取得的成功，与其完善的销售渠道和科学的销售策略有很大的关系。但其销售渠道近年来也出现了一些问题，主要表现在以下两个方面。

（一）利益分配问题

1. 特许瓶系统利益不一致

可口可乐在中国市场有三个与之建立合作关系的特许装瓶系统，并且在全国拥有23个装瓶厂。但有五个装瓶系统的利益没有达到完全一致，即使是在一个系统内的不同生产厂商，它们之间的利益也有所冲突。可口可乐公司在中国市场的运作有很多方面都可以反映这种不一致性，而且这种利益的冲突形成了两种结果：第一，不同厂商或不同系统之间的利益不均衡，从战略上来讲，有利于保持可口可乐公司在中国市场的相对均衡和控制力，避免上下游厂商做大而压缩自己的利润空间，同时也使沟通较为顺畅，避免出现由于特约合作商过多而造成效率低下的问题；第二，这种利益的不一致性甚至冲突，会导致整个运营渠道的各个系统间出现相互掣肘的局面，导致因为部分而损害整体利益的情况出现。在现代渠道的运作中，这无疑会增加渠道管理的成本。

2. 企业的快速成长以及整个营销渠道的快速发展，给可口可乐公司如何提高渠道运作的效率提出了挑战

这一挑战体现在以下四个方面：第一，在各个系统以及生产厂商的营利能力以及服务成本存在差异的情况下，如何使各个系统能够相互协作，达成彼此的利益均衡；第二，建立和形成怎样的内部机制，有助于公司在跨区域、跨系统的情况下实现利益均衡并保证与客户及时沟通；第三，在未来渠道发展过程中，如何提高服务水平和改善服务发展方向；第四，如何强化与客户的沟通，建立与客户形成互动的反馈机制。

（二）服务团队的人员管理及效率问题

随着可口可乐公司规模的逐步扩张，大中城市的市场容量趋于饱和，而城镇和乡村地区人民的生活水平逐渐提高，可口可乐公司的业务也由中心城市蔓延到各县城甚至是部分主要乡镇。可口可乐服务的范围明显变宽，销售运作队伍的人员数量也在急剧扩大，如何提高销售人员的效率，让更多的销售人员能够更好地去体现公司的形象，是一个急待解决的重要问题。而且，随着中国经济的不断发展、劳动力素质的提高，未来劳动力成本也会上升。对于企业来说，建立更多元的销售渠道以及培养有素质、有能力的员工也应该进入企业的考虑范围之内。

五、企业核心竞争力分析

可口可乐公司作为一家历史悠久的饮料公司，其形象已经深深印在美

国人民以及全世界人民的心中。从1886年创厂开始，其味道和配方已经成为经典。很多消费者很难形容可口可乐的味道，但全世界的消费者们就是喜欢可口可乐。在美国人的心中，可口可乐已经成为很多人生活中不可缺少的一部分。可口可乐、哈雷传递出的都是一种自由平等的精神。美国总统、股神巴菲特也要花0.75美元购买一罐可口可乐，人们经常能够看到巴菲特出席各种会议时大喝可口可乐的照片。平等精神也在另一方面体现出来——公司并没有专门为权贵们推出专供或定制版本的可口可乐，所有人喝到的可乐都是一样的。其经典的品牌Logo也是深入人心，仅这一点就是很多饮料生产厂商无法比拟的。可口可乐最著名的竞争对手百事可乐也是在其诞生12年之后才创立的，而且在多年的竞争中也没有超过可口可乐的趋势，最多打成平手。

可口可乐公司的规模巨大，已经产生了相当的规模经济。每一瓶可乐分摊的平均成本已经很低。这说明虽然一瓶可乐售价3元，但是其中的盈利空间是巨大的。之后，可口可乐收购了很多本土品牌，如美汁源等。旗下产品主要与鲜橙多、汇源果汁竞争，因为口感好，宣传中说饮料中的悬浮物是橙子的果肉，销量也是遥遥领先。在饮料行业中，在中国饮料市场上占有率1%就意味着每年5000万的利润。种种因素使行业的进入壁垒达到了相当高的程度。如果一家新厂商想要开发一款碳酸饮料与可口可乐竞争，首先其成本就会高于可口可乐公司，其次是其产品很难进入消费者心中，并成为一款不可替代的产品。

可口可乐公司的宣传力度相当大，而且广告都与所销售区域的经济情况和文化相符合。并且，可口可乐公司在重大历史事件中也在无形地推广自己的产品。在最繁华的商贸区（如香港、纽约街头），都可以见到可口可乐的巨幅广告。在电视广告和线上广告中，可口可乐也投入了大量的资金。每年春节时，人们都能在电视上看到经典的春节全家团聚的场景，其内容就是与你的家人分享新年的第一瓶可口可乐。这种团聚的场景在中国消费者心里是非常温暖的，会不断加强消费者和品牌的联系。可口可乐公司的广告创意是非常独特的，很多广告都具有欣赏性。而且可口可乐如果在一个新的地区开设工厂，除了配方之外剩下的所有部分包括工厂的建设，管理团队，在装瓶厂、包装厂的一线工人都是本地人。这就在本地产生了可口可乐可以带动本地经济发展的说法，使得其他国家和地区对这个外来品牌更接纳了。

可口可乐的广告宣传无处不在。如上文中提到的昵称瓶和台词瓶，这两次的营销事件都是非常有趣和非常突然的。在第一个明星收到自己的昵称瓶并在微博上晒出来的时候，可口可乐并没有快速回应，而是沉默不语。之后逐渐有更多的明星晒出属于自己的昵称瓶，网上的回应越来越热烈，大家都在猜测。等到事件的发展达到最火热的时候，可口可乐公司才开始了这次非常成功的营销活动。之后网友们可以通过可口可乐官网、微信平台和官方微博与公司进行互动，通过互动可以定制属于自己的昵称瓶并作为收藏。这样的大型宣传活动需要雄厚的资金成本支持，一般的新进企业和小型公司无法做到。

可口可乐公司也通过“二战”对产品和公司进行宣传。“二战”中，可口可乐公司宣布以 5 美分一瓶的价格向美国军方出售可口可乐。之后，可乐就成了美国大兵不可或缺的一部分，同时也成了艾森豪威尔、巴顿将军的必需品。这样的低价销售为可口可乐公司赚取了大量利润，同时也使得公司和品牌的形象深入人心，深受美国人民爱戴。这样的特殊历史事件也是很难遇到的，就算是遇到了也很难有这样的慧眼发现其中的商机。

综上所述，新进竞争对手和现有的竞争对手（如百事可乐）都是很难与其竞争的。可口可乐的竞争优势是其在长期的经营期间一点一点创造出来的，对于其他公司来说都是难以超越的优势。

六、传统营销和网络营销的对比

当商业活动在古时出现时，营销的方式也就随之形成了。很多传统的营销方式现在也在被广泛地使用。在上文中，可口可乐公司昵称瓶和台词瓶的营销策略非常成功，充分展示了当今网络营销的优势。但是传统的营销模式在商业模式中也是经常被使用的，经典的传统营销策略主要从以下四个角度进行考虑。

（一）传统营销策略

1. 产品策略

所有的企业都在提供有形的和无形的产品和服务。例如，手机生产厂家通过生产和销售手机谋取利润；另一服务类的商家（如麦肯锡咨询公司或者旅行社）则通过提供咨询服务或带领游客游览参观来获得利润。

2. 品牌与包装设计

很多产品都具有很强的品牌效应。如很多历史悠久的品牌，在长期的经营期间已经在很多代消费者心中留下了深刻的印象，并且产生了深远的影响。可口可乐公司就是其一。在 100 多年的历史当中，可口可乐在全世界人民心中留下深刻的“平等”印象。美国总统和美国人民买到的可口可乐都是 0. 75 美分一罐，可口可乐并没有因为总统的政治身份和地位为其制作定制版或者“特供”之类的产品。百达翡丽、劳斯莱斯也是因其高品质及在制造过程中的不惜成本，在消费者心中留下深刻的印象。品牌策略也是传统营销中重要的组成部分。一家大公司通常都会有很多的产品线以及子品牌，而品牌的延伸、产品线的扩展都是被很多企业所看重的。同时，包装和产品一样重要。在产品质量以及价格都相近的情况之下，消费者会更倾向于购买包装相对精美的产品。

3. 定价策略

定价的艺术是商业竞争中很重要的一部分。一个恰当的定价会使自己在市场中拥有更大的竞争优势。恰当的定价可以使企业在极度激烈的竞争市场中取得最大的利润，并逐步增加市场占有率，为自己提供更大的竞争优势击垮竞争对手，最终达到市场占有率最大。同时，定价策略中也包含了大量的技巧。如在中国传统重大节日（端午节、中秋节、春节、元宵节等）对部分相关商品（如端午节时的粽子、中秋节时的月饼等）打折销售，虽然会损失一部分利润，但是销量的大幅度增加会弥补这部分损失。心理定价主要就是根据消费者的购买心理进行定价，其中也包含了大量技巧。如很多昂贵的商品会定成 9999 元而不是 10000 元，会让顾客产生商品价格比较实惠的想法。但其价格并没有很大变化，商家的利润也不会因此下降。

4. 分销渠道策略

在传统的营销中，产品都是在线下销售的。销售渠道可以说较为单一。分销渠道的选择会对产品的销售量产生巨大的影响。在销售的过程中，商品从制造商生产出来后可能会直接经过零售商到达顾客手中，也可能会经过一个或者多个经销商到达顾客手中。顾客购买的全过程都发生在线下实体的商场或者商店甚至批发市场当中。商品在销售过程当中经历的这些中间商都会对消费者的实际购买价格产生影响，因为每一个中间商都需要谋取利润。同时，渠道的宽度和广度，以及渠道内各级经销商、零售商的议价能力等都会对生产厂商的利润以及顾客最终的购买价格产生影响。

5. 促销策略

促销不仅是通过折扣在价格上产生优势来销售产品，也包括商品的推广——向顾客强化企业和其产品的特色，增加其销量。促销包含的形式很丰富。广告、人员推广、企业公关等都是企业向外界传递信息的方式，也是促销方式的一部分。传统营销的广告形式较为单一和局限，很多时候还是通过横幅、广告牌、电视广告、分发宣传单以及邮寄宣传品的方式来进行。这样的方式虽然很有效果，但是推广力度有限。人员推广在现在也是很重要的促销方式，但是成本较高，而且对于销售人员的管理也较为困难。本研究认为促销策略中也应该包括经销地的文化对于产品以及品牌的影响。在中国重要的传统节日中，可口可乐公司的广告会变得带有中国传统特色。如在春节时，广告内容会充满家庭团圆并且与家人分享可口可乐的内容。这些内容与中国传统文化相符，会对中国消费者产生潜移默化的影响，使得可口可乐的经营理念和经营思想慢慢渗透进中国消费者的心中。

（二）传统营销和网络营销的对比

1. 横幅广告、弹出广告 VS 电视、报纸的插播硬广告

在门户网站和行业网站中，人们经常能够看到上面的通栏广告、横幅广告以及弹出广告。这种广告很多都是强制性的，如热门电视节目中出现的恼人的广告、报纸上的硬广告。

2. 电视上的硬性广告

电视广告必须要有巧妙的构思和新颖的创意，还要配合恰当的画面和带有动感节奏的音乐，其目的是让客户欣赏广告，而不是被强迫视听。比如，百达翡丽公司的经典广告——《一个传奇的诞生》，讲述了一只百达翡丽腕表从设计到制作出来的全过程。全程七分钟的广告没有一句令人厌恶的广告语，最后的字幕写着“百达翡丽是日内瓦仅存的家族式独立制表商，从1839年开始致力于顶级腕表的制作。没人能够真正拥有百达翡丽，他们做的仅仅是为自己的后代保管这枚传家之宝而已”。而很多缺乏优美画面和新颖创意的电视广告，不仅不能达到传播品牌、宣传产品的目的，甚至还会使客户产生反感，损害品牌形象。

传统营销中的很多方式都是单向沟通。而网络广告在很大程度上为用户提供了双向沟通的机会，是传统的营销无法做到的。这就为营销的成功带来了机会。

3. 微博、新闻软文营销、论坛营销VS电视、报纸的植入软广告

现今，微博、微信已经成为人们沟通的主要方式。很多名人的微博都会成为营销的热点和主要工具。

越来越多的企业家也开始开通微博，在无形之中对自己的企业进行宣传。因为企业文化都是深深隐藏在企业员工的一言一行中，企业的价值观也是如此。如果让消费者更好地理解企业这些精神方面的因素，会使得消费者更好地接受自己的企业，无形之中在消费者心中种下了一颗种子，这颗种子开花结果的时候就是一名顾客开始选择公司商品或者完成一次购买交易的时候。这种影响的效果是深远的。

在网络发达的时代，各种“软广告”也越来越受到企业的欢迎，因为这种广告类型更容易被大众所接受。很多软广告都是在宣传企业的精神和文化，而不是在介绍和销售自己的商品。一位从事广告行业的资深人士说：“硬广告是饭里面的石头，吃饭的时候人会小心地把石头挑出来，但是软广告则不会让顾客产生反感。”或者可以这样理解：饭里的沙子很容易被挑出去，但是饭里面的调味品是不能被挑出去的，人们只能就着饭吃下去。现在很多企业都是用公司的高层管理者代言，如格力的企业形象宣传广告让董明珠作为代言人，其沟通效果是奇妙的。因为公众对董明珠、乔布斯的个人崇拜，进而信任并消费格力、苹果等品牌，是一种更深层潜意识的沟通。

4. 搜索引擎VS渠道通路

传统的营销渠道都是非常经典的商场、超市、商店、夫妻店等销售方式。很多这样的营销渠道都是单向沟通的。卖家并不能得到买家对于商品的真实反映，不能获得所销售的商品为什么不能得到顾客的青睐这些重要信息。而线上销售和搜索引擎营销为客户和商家提供了有效的双向沟通，通过与顾客的沟通和反馈信息，商家会逐渐得到客户的好感和信任。但是，很多时候这种沟通依然不能促成购买行为。营销4C理论中还涉及便

利性，正如我们到了北京西单可以看到各种品牌的商场，西单大悦城、百盛就提供了一个购买品牌服饰的便利性。而身边的沃尔玛、物美也是一个提供便利性购买日用品的渠道。当用户购买商品，或者用户开始选择某种品类的商品但是不确定品牌时，首先想到的就是去搜索引擎进行检索，之后到各大论坛（天涯、百度贴吧、虎扑等）以及购物网站（京东、淘宝、亚马逊、一号店等）对比价格。很多品牌非常注重搜索引擎的关键字检索，正是因为这种便利性，关注这些方面的公司都取得了非常好的销售效果。

5. 企业网站 VS 终端卖场

很多购物网站可以理解成一个线上的移动商城或者购物终端。只需要注册一个账户，之后就可以浏览想要的产品品类，然后选中心仪的商品，选择喜欢的支付方式（以支付宝、网上银行为主，现在也加上了微信支付等），之后等待商品由第三方快递或者自营快递送货上门。网络为顾客提供了便利，顾客可以足不出户就完成购买行为，节省了大量的时间成本。很多顾客在进入商店很短的时间之后就选择离开了，这中间是受很多因素影响，甚至很多潜在的顾客都没有深入了解这款商品就已经决定不购买了。这种情况类似很多用户只是点击了购物网站首页，但是停留了几秒钟就关闭网页离开了。对于线下销售的销售终端来说，华丽的店面装修、友好的服务人员以及热情的服务态度、免费赠品、怡人的背景音乐都是提高客户转换率的关键。所以，在现今互联网快速发展的时代，网络营销方式要比传统营销方式更加有效率，使得顾客完成购买行为的概率更大。使用网络营销会使企业更具竞争力。

参考文献

[1] 朱文馨．可口可乐瓶身包装的跨文化营销策略研究［J］．新闻研究导刊，2016（13）：304－305.

[2] 用包装做营销手段 可口可乐又换新标签 [J]. 网印工业，2016 (5)：56.

[3] 迟翠萍，陈博. 可口可乐公司茶饮料产品市场营销方案设计与实施 [J]. 商场现代化，2016 (7)：48 - 49.

[4] 宁凯. 可口可乐与百事可乐营销战略对比分析 [J]. 河北企业，2016 (2)：72 - 73.

[5] 翟佳. 论可口可乐的奥运营销策略 [J]. 品牌：下半月，2015 (10)：11 - 12.

[6] 张波. 可口可乐与百事可乐的营销差异 [J]. 学理论，2015 (30)：38 - 40.

[7] 思雨. 瓶子营销不及预期 可口可乐该换新招了 [J]. 中国食品，2015 (18)：90 - 91.

[8] 周再宇，杨曼曼：可口可乐的视频营销观 [J]. 新营销，2015 (8)：44 - 46.

[9] 赵凯朋. 互联网时代新媒体营销策略——以可口可乐新昵称瓶为例 [J]. 晋城职业技术学院学报，2015 (4)：83 - 85.

[10] 张卫. 看可口可乐的互动营销 [J]. 中国食品，2015 (11)：82 - 83.

[11] 郝阳阳. 可口可乐公司参与奥林匹克营销策略的研究 [D]. 北京：北京体育大学，2015.

[12] 秦耀达. 奥林匹克营销对可口可乐品牌文化的影响 [D]. 北京：北京体育大学，2015.

[13] 陈爱风. 可口可乐中国市场网络营销策略分析 [D]. 沈阳：辽宁大学，2015.

[14] 徐冬柠. 企业情感营销发展策略研究——以可口可乐为例 [J]. 甘肃科技，2015 (8)：74 - 76.

[15] 秦耀达. 可口可乐公司与奥运会合作营销的历史考察 [J]. 黑龙江史志，2015 (7)：326.

[16] 可口可乐. 创新情感营销，赢得年轻一代 [J]. 新营销，2015 (Z1)：103.

[17] 宋小萍. 对可口可乐今夏 “换装” 成功的营销策略分析 [J]. 企业导报，2015 (4)：117，126.

[18] 张薇. 可口可乐昵称瓶整合营销传播研究 [J]. 经济研究导刊，2015 (4)：75 - 76.

[19] 赵源．可口可乐“歌词瓶”的社会化媒体营销之道 [J]．东南传播，2015（1）：110－111.

[20] 谢园，鲁秀琼．流着“可口可乐血液”的营销人 [J]．成功营销，2015（1）：18，19－21.

第3章　阿迪达斯公司的社会化媒体营销分析

一、品牌简介

阿迪达斯是一家德国的运动用品制造商，旗下拥有人们广为熟知的三大系列（见图3－1）：①运动表现系列（performance），Logo是三条纹；②传统系列（originals），Logo是三叶草；③时尚系列（style），Logo为圆球形。其中，style系列包括三个子品牌，分别为Y－3，SLVR，NEO Label。

图3－1　阿迪达斯品牌系列标志

Performance系列和originals系列代表体育运动精神——挑战精神，而style系列代表了时尚潮流精神。

至今为止，阿迪达斯最为大家熟知的广告宣传语就是“Impossible is nothing”以及在2011年花费了1.6亿欧元来打造的全新口号“全倾全力——Adidas is all in”。

二、社会化媒体营销的形式

阿迪达斯在近几年也选择开展不同形式的社会化媒体营销活动来对其产品进行营销。

1. 微博

打开手机上的一些应用程序，人们就可以找到关于阿迪达斯的新媒体营销。比如，阿迪达斯的各种不同系列都相继开通了微博账号，如 Adidas-Originals、AdidasNeo、AdidasBasketball、AdidasTraining 以及 Adidas 官方旗舰店等相关微博账号。这些账号会定期发放一些该系列最新上市的相关广告宣传信息，新上市或者即将上市的服装鞋饰。用户如果有兴趣，就可以与该账号进行沟通交流和交易等活动。

2. 微信

随着微信在人们生活中的广为流行，阿迪达斯也开通了微信公众号，如 AdidasOriginals、AdidasNeo、AdidasGirls 等，以及阿迪达斯官方网站。这些公众号会时常给用户提供一些推送信息，内容都是一些即将要发布的新产品，或者是一些新拍摄的视频广告，或者是代言人之间的变动等相关信息。在公众号上，用户可以与公众号进行沟通，如果用户在上面提问，公众号都会一一回复。不仅如此，由于微信功能的不断更新、不断强大，微信的朋友圈会出现某一品牌的广告宣传——一个链接，点进去就会出现相关的信息。

3. 视频类应用程序

由于阿迪达斯的主要目标消费者是追求时尚的青少年人群（初中生至大学生以及毕业不久的青年）以及享受休闲生活的人群，所以阿迪达斯倡导一种团结的精神，这一点可以从其广告上显现出来：除了个别明星特写之外，广告一般都是以一群兄弟或者玩伴儿的形式出现。正是因为这种目标人群的年轻性特质，所以他们接触的社会化媒体比较多元化，进而促使阿迪达斯选择和户外及互联网络合作，并且加大了投放比例。阿迪达斯为了更好地宣传它的商品，选择与优酷、土豆这样的视频类应用程序进行合作，拍一些短的广告性小视频。人们在视频播放器中观看视频时会看到这些几分钟的广告小视频，这种方式更适合现代人们的生活习惯。

4. 直播类和音乐类应用程序

阿迪达斯还与当下流行的直播类应用程序（如美拍、哔哩哔哩等）合作，把这样的直播小视频放在不同的社交网站或者是其他新媒体环境中进行品牌营销宣传。这样的营销手段甚至会出现在音乐播放器中。

5. 网购平台

阿迪达斯和淘宝、京东等网购商城也有合作，在这些平台上都有阿迪达斯的官方旗舰店。在这里，用户可以与客服联系，了解到其想知道的相关问题。一些比较追求潮流的人会选择像有货这样的 APP，这也是阿迪达斯的一种营销活动。

6. 赞助体育赛事

喜欢体育的人会发现，阿迪达斯还与很多体育赛事有合作，赞助了很多比赛队伍和大型比赛，如奥运会、世界杯、欧洲杯、欧冠联赛、超级杯等，还有比赛队伍的全员体育用品。阿迪达斯的品牌名字会出现在赛场、赛后的采访会和赛事的宣传片，以及运动员的衣服上、鞋上、水杯上，等等。

7. 社交网站

除此之外，阿迪达斯还与百度、搜搜等有合作关系。在百度页面上搜索阿迪达斯，会出现一系列与之相关的话题。有的是百度百科，有的是淘宝、京东等商家的信息，有的是该企业的重大事件、广告大片或者新闻发布会等热搜信息。一些大的社交网站上也会出现该品牌的相关广告，像人人网、Twitter、Facebook 等，都是它进行新媒体营销的场所。

阿迪达斯曾利用各大高校之间的 PK 和校园红人的影响力，将“越热越型”的校园运动风展现在人人网上。首先，通过田馥甄、柯震东等明星的明星效应，在人人网上建造一个报名平台进行互动。网站上随时更新报名人数，激励大家参加，扩大活动的声势范围。其次，为达人穿上定制新装，拍摄大片。PK 阶段建造照片展示的平台，利用社会化广告、新鲜事等吸引关注。通过这种新鲜事的传播制造更大的声势，吸引更多的人关注阿迪达斯这个品牌。这个活动通过人人网让用户感受到阿迪达斯对人群需求的关爱与满足，更为自己感到自豪。通过鼓励用户与阿迪达斯保持着较为紧密的联系，阿迪达斯成功地提升了其新品 T 恤衫的知名度、曝光度，还扩大了阿迪达斯品牌的影响力，一举多得。

阿迪达斯将这些全新的社会化新媒体方式运用得非常得心应手，几乎是全方面覆盖，确实取得了不错的效果。将来，阿迪达斯可以将在人群中流行的新媒体形式发展成自己的营销手段，以此来取得更突出的成绩。

三、阿迪达斯与消费者展开的互动

作为知名运动品牌，阿迪达斯拥有广大的消费者，与耐克、匡威等品牌竞争激烈。从 1948 年阿迪达斯品牌正式建立到今天，阿迪达斯依然被大众所喜爱，无论是年轻的消费者还是上了年纪的消费者都愿意购买它的商品，这说明它的营销策略做得非常好。随着经济的发展，其他知名品牌的逐步建立，阿迪达斯依然是市场上的前几名。阿迪达斯通过了解消费者的购买意愿，结合当下流行的款式，设计好商品的外形，再进行良好宣传，从而与消费者进行互动，扩大品牌形象。

1970 年墨西哥足球赛的时候，阿迪达斯设计了一款比赛专用球“Telstar”，这个单词为“television”和“star”的结合体。这款足球的材质虽然与其他足球一样都是皮革制品，但是设计上是由 12 片黑色五角星和 20 片白色五角星组合而成，这种设计形式产生了一个更完美、更圆滑的球体。这个营销策略一下子让全世界球迷知道了阿迪达斯品牌，它的设计也受到广泛认可，进一步扩大了品牌知名度。通过世界杯这种著名赛事来达到宣传效果，与消费者进行间接互动，这样的营销策略是值得赞赏的。

1997 年，阿迪达斯合并了赛拉蒙公司，这在当时是比较轰动的事件。很多消费者一起讨论阿迪达斯这个品牌，使其知名度再次上升，创造了更大的营业额。

2000 年，阿迪达斯喊出了“没有不可能”（Impossible is nothing）的口号。该口号当时家喻户晓，人们在日常生活中常会运用它，融合在谈笑话语间，这无疑都是在无形中为阿迪达斯做宣传。通过创造出这样的流行语，阿迪达斯与消费者之间拉近了距离，增加了消费者对它的好感，一些并不熟悉阿迪达斯的顾客也从此开始对它有了了解。

在 2003 年的时候，为了宣传阿迪达斯清风系列的跑鞋，阿迪达斯与球王贝克汉姆合作，倡导全民一起清风行动，并且还推出了一款 APP 游戏，名为“夺宝奇冰 2”。为使这款跑鞋上市时引起广大消费者的注意，阿迪达斯想出了这种让娱乐和运动结合在一起的方式，在运动的同时，既锻炼了身体，又愉悦了心情；而且玩这个游戏还是有奖励的，“加入夺宝奇冰，500 双 Climacool 新款清风跑鞋等你抢，先跑先赢”。这个宣传一打响，就有很多玩家注册了这款游戏。用户不仅可以自己玩这个游戏，还可以与自己的好友互动，这让更多的人知道了这款游戏，从而达到了良好的宣传效果。与球王贝克汉姆合作让很多贝克汉姆的球迷爱屋及乌，也喜欢上了清风系列的跑鞋。这样大手笔地进行宣传，效果也是不负众望的。清风系列的跑鞋不仅快速被消费者群体所熟知，还在市场上取得了良好的销售业绩。

2005 年，阿迪达斯收购了 Reebok（锐步）公司，获得了 Rockport 品牌，从而拥有了 adidas、taylormade、reebok 三个品牌，进一步扩大公司规模，在消费者心目中树立更高大的形象。

2008 年奥运会的时候，阿迪达斯又想出了一个名为“made for Beijing——阿迪达斯专为北京打造，助你实现不可能的梦想”的营销方案与消费者进行互动。阿迪达斯在北京奥运会上为很多运动员设计了专属的运动产品，再一次打响它的设计理念：为运动会设计出最好、最舒适的鞋子；为保护运动员免于受伤，鞋子必须经久耐穿。这再一次让消费者了解了阿迪达斯。

2015 年，阿迪达斯的女子系列推广活动又拉开了帷幕。阿迪达斯女子专卖店针对女性群体进行设计、宣传，突出女性产品，吸引女性顾客购买，提出新口号：“有姐妹，没有不可能。”阿迪达斯树立女性的品牌形象让人产生柔软的联想，也容易拉近与消费者之间的距离。这一变化也引起对手和社会的普遍关注。

阿迪达斯的形象代言人有各项运动的明星，如网球、英式橄榄球、棒球、篮球、足球、田径、拳击选手，还有歌手、演员等，基本包括了各个国家、各个阶层人喜欢的明星。通过明星效应，越来越多的人了解阿迪达拉斯这个品牌，并喜欢这个品牌，从而有意愿购买它的产品。

四、消费者如何评价这种互动

阿迪达斯的消费人群主要是青少年、运动爱好者和成功人士，他们对阿迪达斯的营销手段有着不同的理解。青少年属于中低端人群，他们追求时尚，越流行的东西越喜欢，所以他们积极参与阿迪达斯与消费者的互动，并乐在其中。运动爱好者更注重的是品牌产品的舒适度与耐用程度，他们可能会对互动有一些反应，也会参与其中体验产品真正的性能。成功人士注重的是生活质量，在注重品牌的同时也注重舒适性，对于阿迪达斯建立的互动，可能会站在管理层的角度用更专业的知识来看待，给予更高的评价，但可能参与得比较少。但他们的共同点都是认同阿迪达斯的营销策略，无论用什么样的方式方法，使企业品牌形象被大众所接受、所认可才是重点。很明显，在这方面，阿迪达斯做得非常成功。

五、企业采用的商业模式

（一）商业模式

和其他著名的运动品牌一样，阿迪达斯采用的商业模式中最突出的一部分是自己进行设计，然后委托其他公司进行生产。

其具体的流程如下：

（1）公司自身的设计人才设计出符合品牌特点的设计蓝图。

（2）阿迪达斯公司将设计蓝图交给代工公司进行生产（代工企业必须符合阿迪达斯所要求的生产标准，然后才能获得阿迪达斯的授权，得到设计蓝图进行生产）。

（3）产品生产完毕后，代工公司将产品交付给阿迪达斯的销售部门，再由销售部门将商品发到各个不同级别的授权代理店。

（4）将商品销售给消费者。

简而言之，阿迪达斯卖的是设计而不是生产。

（二）营利方式

1. 委托加工

阿迪达斯目前发展势头良好，不可否认，它一定是盈利的。盈利的原因可以基于它现在所采用的商业模式进行分析。阿迪达斯作为一个销售产品的企业，其收益主要来自商品的销售。其产品从生产到销售的整个过程是属于自行设计、委托生产、授权销售，在这一过程中的利润分配是阿迪达斯占大部分。这种商业模式是多数知名品牌企业的选择，这种商业模式可以节约企业的人力资源，使企业将更多的精力分配到产品的设计及品牌的营销上。

2. 销售模式

阿迪达斯将全球市场划分为六个区域，即西欧市场、欧洲新兴市场、北美市场、大中华区市场、其他亚洲市场以及拉丁美洲市场。阿迪达斯的销售业务划分为批发和零售两个部分。阿迪达斯如今正一步步扩大零售市场，现已拥有2212家自营零售店，并且如今零售渠道所获得的利润率高于批发所获得的利润率。为了增加利润，在未来，零售渠道将会进一步进行扩展，阿迪达斯还试图控制渠道，最终达到把持终端的目的。

3. 品牌营销

以阿迪达斯的整个商品为例，它身上最值钱的部分是“阿迪达斯”这个品牌，其次是产品本身的设计，最后才是这个产品作为一双鞋或一件衣服的自身价值。这种效果的达成离不开企业对品牌的营销。品牌营销工作进行顺利可以创立良好的品牌形象，提高知名度，扩大市场份额，以赢得更高的利润回报率。阿迪达斯的品牌营销是成功的，目前拥有三大系列：运动表现系列（三条纹）、运动传统系列（三叶草）和运动时尚系列。Adidas style系列在中国又被称为阿迪达斯时尚生活系列，其产品风格年轻时尚，受到广大年轻人的追捧。其适当的市场定位为其打开了年轻市场，成为热爱运动、追求时尚的年轻人最爱的品牌之一，每年的销售量居高不下，为其带来了巨大的利润。

六、对商业模式的评价

阿迪达斯所采用的商业模式是：自主设计，外包生产。在现阶段，这种商业模式是非常良好及适应现阶段的市场现状的。有很多的知名品牌也都采用这种模式，以将大部分的精力投入品牌的营销、产品设计的创新上。现行的这种商业模式可以为企业节约更多的人力物力，是企业目前最好的选择。但是，这种商业模式却不适合长期沿用。当品牌的价值已经挖掘到极限，或者说再投入更多的人力物力进行品牌营销，销量也不会大幅提升时，再将企业资源集中于品牌营销，也不会获得相应的回报。

阿迪达斯的商业模式是注重短期的，确实更加适应当前的市场，为其在激烈的市场竞争中提供了有利条件，使其抢占了更多的市场份额。但市场在变化，品牌的价值也不是无穷无尽的，当品牌的价值挖掘达到极限，这种商业模式将不再适应，这时企业也就要做出相应的改变。在持续的发展中，生产外包势必会被替代，抓住生产环节才能最大限度地降低成本，并保证质量，得到更多的利润，为企业在未来的发展中提供动力。

七、阿迪达斯的竞争优势

（一）阿迪达斯的品牌价值

品牌价值是品牌管理要素中最为核心的部分，也是品牌区别于同类竞争品牌的重要标志。众所周知，阿迪达斯的品牌成立于 1949 年 8 月 18 日，较同行业的其他品牌来说有着悠久的历史，其品牌所拥有的价值不言而喻。

（二）阿迪达斯始终坚持科研创新

对于有着悠久历史的阿迪达斯来说，多年来之所以能够始终在激烈的竞争中占据一席之地，就是因为阿迪达斯始终如一地注重产品质量和技术革新。阿迪达斯旗下有很多不同类别的产品，运动鞋可算是阿迪达斯的一大主打产品。运动鞋的每一个部分的设计都能体现出阿迪达斯的用心之处。

ForMotion 后跟（山地型）：可以自由活动的后跟，能让你的双脚与不同的地面环境和运动状态更好地相适应，令双脚充分感受到平衡、自然的着地。

ForMotion 后跟（公路型）：一个相对独立的连接系统，它能让双脚更容易适应不一样的地面环境和运动状态。ForMotion 令你的双脚可以更好地体会到产品的稳定性。

ClimaProof：可以让你的脚更加适应不同的气候条件，可以有效地防止风、雨和冰雪的入侵，保持脚干爽舒适。该技术可以始终保持脚部的温暖、干爽和舒适。

PowerBounce：该技术拥有弹性材质、结构化设计，并且已经渐渐取代了传统的泡沫材质，从而为移动提供更好的能量传递。该技术的特有结构中底有着帮助人们更好地引导能量传递的特色。

这样细心的设计使得阿迪达斯能够不断地变化，并且在每一次的变化中都能抓住消费者的心，可谓是其成功路上不可或缺的竞争优势。

（三）物流外包

企业要想获得更多的利润，就要学会节约成本，对这一点阿迪达斯似乎学到了一些精髓。在经过精确的成本核算后，阿迪达斯认识到自己在物流方面存在较大的缺陷，因此没有选择加大力度去弥补这一缺陷，而是将物流运输这一环节外包，从而减少了这一方面的损失，大大降低了成本。

在 1996 年，阿迪达斯就已经启用了物流外包这一经营策略。它将自己的服装在美国的配送业务交给了 UPS 全球物流公司，之后又选择与另一家物流公司——CALIBER 物流合作，将运动鞋的物流配送进行外包。在物流外包的过程中，阿迪达斯一直秉承着与国际一流物流公司合作的原则。这一举措给阿迪达斯带来了意想不到的良好效果，不仅大大地节省了成本，而且良好的物流服务使得产品能够及时高效地送到顾客手中，给客户带来了好的购物体验。

（四）代工企业

对于阿迪达斯这种在全球范围内都有着大量客户、市场覆盖需求率很高的企业来说，及时的货物供给是至关重要的。对于服装制造企业来说，面对如今产品更新换代加快、需求增加，但是成本稀薄，运动服装和鞋类生命周期大大缩短的局面，仅凭一己之力想要满足这种情况几乎是不可能的。因此，阿迪达斯选择将产品的生产制作交给代工企业。但是，研发从不是阿迪达斯单方面进行的。阿迪达斯在代工生产的过程中，始终与代工企业保持技术沟通和研发互动，这使得代工企业能够更好地了解研发过程，大大缩短了产品从研发到生产所要经历的时间。

如阿迪达斯的一个代工企业宝成在中国东莞拥有阿迪达斯在世界范围内最大的慢跑鞋研发中心。阿迪达斯自己的设计师和研发人员进行产品的设计研发和质量把关，研发中心则负责产品生产的各个环节。这种研发互动是阿迪达斯与宝成之间的一个相互嵌入的接口，使得阿迪达斯将自己的设计方案切实地变成了可行方案。

八、阿迪达斯竞争优势的可复制性

（一）品牌优势

对于阿迪达斯来说，品牌优势是其独特而不可或缺的优势之一。这种品牌优势是随着时间流逝而渐渐积累的，可以说是不可复制、不可替代的。在不同的人心中，阿迪达斯这个品牌可能都代表不同的意义。因此，大众愿意付出高于其他无品牌产品甚至阿迪达斯自身价值的价格来购买阿迪达斯的产品。所以能够充分利用这一品牌优势，对于阿迪达斯来说可以带来更多利益。

然而，现如今山寨盛行，造假随处可见，阿迪达斯的这种品牌优势有可能会成为不法分子牟利的一个机会。而要想有效地避免这一问题，只能在产品的性能、技术的细节上下手，不断进行产品的创新，加速产品的更新换代，才能保持住这一品牌优势。

（二）技术创新

在运动产品生产领域，能够与阿迪达斯相竞争的企业还有很多，如耐克、乔丹等。而这些企业也在不断地进行技术研发和产品更新，这对阿迪达斯来说是一个不可忽视的压力。然而阿迪达斯多年来一直将技术创新放在重要位置，这些年所研发出的新产品，时时刻刻都能吸引大众的视线。在未来的发展中，阿迪达斯只要坚持这一优势不动摇，就可以始终在运动服装和运动鞋市场中占据不可撼动的地位。

（三）物流外包和代工生产

这两点竞争优势对于阿迪达斯来说，也跟阿迪达斯悠久的发展历史有关。阿迪达斯的物流外包模式和代工生产是在长期的发展中慢慢形成的，是时间积淀的产物，也是阿迪达斯独具优势的竞争点。对于其他竞争对手来说，这种经营策略当然很好模仿，但是想要像阿迪达斯一样完善，一时半会也学不来。所以，如果充分利用这一竞争优势，就可以给阿迪达斯带来更多的收获。总而言之，阿迪达斯能够经历漫长的时间而生存下来，与以上所说的竞争优势息息相关。然而面对当今社会快速的产品更新和激烈的竞争，阿迪达斯需要找到更多的竞争点，并加以充分利用，才能更好地生存下来。

九、阿迪达斯在网络营销方面存在的最大问题

阿迪达斯公司在网络营销方面主要采用的是网络分销这种手段。网络分销是指一个或多个企业或组织，利用网络平台开展货物销售的一种销售组织。它比普通人际分销扩展速度快、销售组织广、销售产品丰富多样，是现代生产企业组织进行产品销售的、一种更直接有效的销售渠道。

根据图 3－2 的情况可知：阿迪达斯的网络销售收入在前三年都是逐年增长，同比增长率在 2011—2012 年涨幅较高，这说明阿迪达斯公司在快速

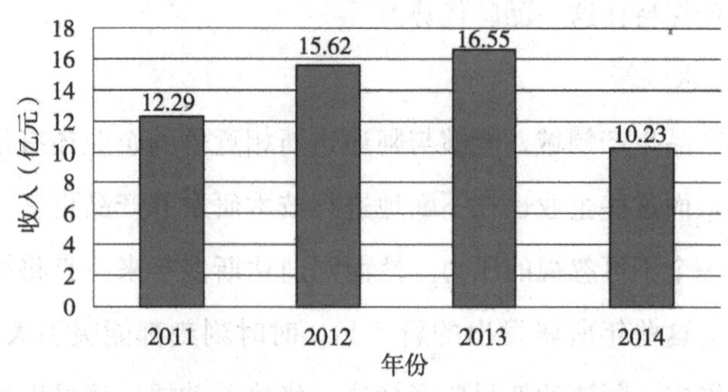

图 3－2　阿迪达斯 2011—2014 年网络销售收入分布

发展的新兴市场中极高的曝光率以及不断扩展的零售网络，对销售收入带来十分有利的影响。但其在 2014 年收入却下降到 10.23 亿元，呈现负增长的状态。这除了我国经济趋于稳定发展和阿迪达斯本身的决策原因外，还有网络分销渠道的原因。

（一）渠道管理制度不完善

分销渠道是产品或服务从生产者流向消费者所经过的通道，企业对分销渠道进行良好的控制可更好地发挥渠道的功能。近几年网络渠道在发展，阿迪达斯希望加强对渠道的控制力，使自己的营销策略更好地在各个终端进行。但是由于网络渠道建立的时间短，一些规章制度也不是很成熟，对各地区负责人的要求不是很明确，执行力还有待提高。另外，经销商的支持和配合也是一个重要的因素。

（二）经销商之间的串货

经销商为了获得利益或是完成销售任务会出现串货的行为，更有甚者直接拿假货充当真品。有的中间商想要多拿回扣，扩大自己的销售市场，导致供应商对中间商的销货情况把握不准；辖区销货不畅造成积压，厂家又不予退货，经销商只好拿到畅销市场销售，但运输成本不同，经销商退货成本较低，有串货空间；厂家规定的销售任务过高，迫使经销商去串货。销售市场上这样的例子数不胜数。但是要想阻止串货的行为发生，就会增加大量的人力和财力的支出。

（三）零售服务水平问题

细心的消费者会发现，无论你在哪一个麦当劳用餐，你所接受的服务都是一样的优质。这是因为麦当劳的特许连锁强调连锁加盟者必须与总部保持步调一致，它在经营之中所表现出来的是标准化、单纯化、统一化、专业化。与麦当劳的特许经营相比，阿迪达斯的角色则更趋于供货商，经营阿迪达斯特许专卖店的客户并没有与阿迪达斯公司形成一个严格意义上的以“联盟”作为纽带的“盟主”与“盟员”的关系。阿迪达斯大大小小的经销商自身零售运营管理能力的参差不齐导致了顾客无法在阿迪达斯专卖店体验到统一优质的服务。

（四）解决方法

本研究认为，首先应该加强管理、完善制度，大力加强阿迪达斯的网络销售渠道的投入力度，在革新和完善网络渠道管理制度的同时，将地区各部门的目标责任清晰化，让各部门、各地区的负责人能清楚地知道自己的任务和责任，还要保障网络渠道的畅通无阻，从而使销售量扩大。在渠道方面，应该建立自己的专门配送系统，并实现完备的供应链系统以保障产品配送。

在经销商方面，人们最注重的就是利益。厂家应多和下面代理商联系沟通，制定科学的销售计划。企业应建立一套市场调查预测系统，通过准确的市场调研，收集尽可能多的市场信息。建立起市场信息数据库，制定出合理的任务量。合理划分销售区域，保持每一个经销区域经销商密度合理，防止整体竞争激烈，产品供过于求，引起冲货。更要善于应用高科技手段来防止串货，物流管理还可以集成在企业信息化客户管理系统当中。

其次，应该规范零售运营管理。阿迪达斯现有的零售专卖店基本都是由本土零售商经营，运营管理方式五花八门，水平参差不齐。作为品牌公司，阿迪达斯有责任帮助经销商提高运营能力，增加店铺单产。为此，阿迪达斯应该采用一套先进的零售运营管理系统，规范包括卖场前台收银、后台内勤、库存周转等各项零售店操作流程。另外，阿迪达斯还可以在中国几个主要城市设立几个自营的旗舰店，这一方面可以进一步提升品牌形象，另一方面也为经销商提供了零售运营管理的范本。

参考文献

[1] 罗鹏程．爆款秘籍：耐克和阿迪达斯是如何做营销的［J］．新营销，2016（5）：48－49.

[2] 卢永峰．阿迪达斯新款潮鞋上演营销策划好戏［N］．科技日报，2016-04-05 (8).

[3] 朱耘．“弃赛”NBA 阿迪达斯营销全面变革在即［N］．中国经营报，2015-04-06 (2).

[4] 龚姝颖，吴飞，尹晓龙．阿迪达斯巴西世界杯的营销策略分析［J］．中外企业家，2014 (28)：156.

[5] 万辉．新浪微博微矩阵营销研究——以阿迪达斯为例［J］．黑龙江科技信息，2014 (25)：162，164.

[6] 于冬雪，谢梦，陈韩晖，巫伟，何勇荣，牛思远，刘俊．运动品牌赛场“吸睛”市场“吸金”［N］．南方日报，2014-06-25 (A15).

[7] 唐利强．阿迪达斯 eBoost 跑步鞋中国营销策略研究［D］．广州：华南理工大学，2014.

[8] 周再宁，高嘉礼．阿迪达斯的营销攻略［J］．新营销，2012 (8)：62-65.

[9] 马驰．im2.0 互动：用 APP 为阿迪达斯实现跨界营销［J］．新营销，2012 (6)：87.

[10] 袁婧．阿迪达斯南非世界杯的营销策略及对中国运动品牌的启示［G］//中国体育科学学会，中国体育用品业联合会．中国体育产业与体育用品业发展论坛论文集．中国体育科学学会、中国体育用品业联合会，2012：5.

[11] 盖述功．1 元买阿迪达斯，当当网营销太坑人［J］．网友世界，2011 (17)：6-8.

[12] 新一．阿迪达斯运动营销法则［N］．中国服饰报，2011-08-12 (B30).

[13] 罗小英．“阿迪达斯”品牌校园营销策略分析［J］．中国商贸，2011 (21)：18-19.

[14] 杨丽萍．阿迪达斯营销策略分析［J］．中国商贸，2011 (9)：37-38.

[15] 方南．逼抢李宁剑指耐克 阿迪达斯营销发力［N］．经理日报，2010-12-10 (A04).

[16] 林淳．新影视时代，移动影视的互动整合营销——阿迪达斯“双 D 行动”的背后［J］．中国广告，2010 (1)：25.

[17] 逆风而上，中国力量．李宁与阿迪达斯的奥运营销战绩大比拼［J］．纺织服装周刊，2009（33）：53.

[18] 一鸣．阿迪达斯借 Facebook 向女性发动营销攻势［N］．中国图书商报，2009－03－06（X04）.

[19] 王君玉．阿迪达斯，奥运营销 360 度［J］．成功营销，2008（10）：48－51.

第4章　暴雪娱乐公司的社会化媒体营销分析

一、暴雪娱乐公司运用的社会化媒体

暴雪娱乐公司是一家视频游戏制作和发行公司，1991 年 2 月 8 日由加利福尼亚大学洛杉矶分校的三位毕业生墨海米、阿德汉姆、皮尔斯，以 Silicon & Synapse 为名创立；1994 年品牌正式更名为“Blizzard”。

暴雪公司运用了以下的社会化媒体开展社会化媒体营销。

1. B2C 平台

2013 年 9 月 6 日，网易暴雪周边旗舰店入驻京东（见图 4－1）。2015 年 7 月 28 日，暴雪游戏官方旗舰店登录天猫（见图 4－2），在这里可购买战网一卡通虚拟卡密、《魔兽世界》游戏时间以及官方首次推出的《暗黑破坏神Ⅲ》CD－KEY。

2. 网络游戏平台

这种宣传方式主要针对现有玩家人群，针对性强，简单有效。暴雪在每个游戏中，包括登录界面、官网等，都为自己的产品做宣传。如《魔兽世界》出了新版本，在其他游戏里会有明显的宣传；又如《守望先锋》测试前，其他游戏平台会大肆宣传。各产品相辅相成，使每一位暴雪用户第一时间了解信息，诱导消费者进行购买。

图4-1　暴雪娱乐京东旗舰店

图4-2　暴雪娱乐天猫旗舰店

3. 虚拟论坛

不分昼夜，世界各地的暴雪游戏玩家通过战网彼此相连，他们在多人对战中相互切磋技艺，或者在一起经历史诗般的冒险，又或者只是轻松而又友好地交谈。战网的愿景是要让所有玩家能在一个功能强大、技术先进的在线游戏平台上进行互动。自 1996 年以来，战网从未停止过对自我的完善，一直致力于为暴雪游戏用户提供更加友好、稳定以及更有乐趣的线上体验（见图4-3）。

图4－3　战网平台

除了战网外，每个游戏都有讨论区，且分类细致，根据问题划分成不同区域，针对性更强，方便玩家交流、寻找答案（见图4－4）。

图4－4　魔兽世界论坛

4. 微博

暴雪公司于2016年4月5日，在中国开通微博（见图4－5），并向粉丝们发出第一句热情的问候：中国的玩家们，你们好！

图4-5 暴雪微博

在此之前，暴雪旗下某些产品已经开通了微博。如《魔兽世界》早在2010年7月26日通过代理商网易开通了微博，玩家们可以第一时间获取《魔兽世界》的最新消息，参与有关《魔兽世界》的各种话题讨论，了解玩家活动计划，并与暴雪工作人员进行更直接的交流。《暗黑破坏神》等游戏都有各自的微博。

暴雪微博从分类来说非常详细，便于玩家高效率沟通、探讨游戏问题。各游戏微博互相关联，互相推送，充分利用资源。但这也看出暴雪并没有及时推出自己的微博来树立品牌形象，和粉丝们零距离交流。直至2016年4月才想到建立暴雪的账号，未免显得对中国玩家不够重视，而且此时微博影响也有所降低，宣传效果不如前几年。

5. 微信

在微信上搜索“暴雪”，是无法搜到其官方公众号的，只有相关的游戏公众号。暴雪的每个游戏（如《炉石传说》《魔兽世界》《星际争霸》）都有官方公众号，均由代理商发布，关注量很高，但各个游戏公众号起不到互相关联的效果，代理商仅就各自代理的游戏进行互动。

显然暴雪通过各种社会化媒体渠道起到了很好的宣传效果，也为玩家提供了交流的大环境，但互动显得很不足。暴雪公司的微博在2016年4月才创建，与玩家基本没有互动；而互动性强大的微信，暴雪甚至没有自己的公众号，没有充分利用中国本土的资源优势，也没有调动中国玩家的积极性。

二、暴雪娱乐与消费者之间的互动方式

（一）线上活动

1. 引导粉丝“跨市场消费”

作为一家游戏公司，暴雪凭借着作品的出色为其赢得了一阵好评。旗下的每一款作品都已经成为一种品牌，这无疑也为暴雪公司带来了空前的声望和品牌辨识度。面对如此巨大的消费群体，暴雪的做法显然十分明智——即“跨市场消费”。并且暴雪目前旗下的五个游戏品牌分别属于不同的类别（如角色扮演、卡牌游戏等），这也有效地解决了其他公司担心自家游戏相互争粉的窘境。因此，暴雪的跨市场消费无疑为它带来了很好的效益。如粉丝在购买《魔兽世界》典藏版的同时，可以获赠一款《暗黑破坏神》系列的珍藏装扮和《炉石传说》的精美卡牌。这样做不仅使粉丝认为这一产品的附加价值大大增加了产品的可收藏程度，同时也鼓励玩家尝试一两款暴雪旗下的其他游戏。这样无论玩家是浅尝辄止，还是成为新游戏的忠实粉丝，对于公司的角度来说都是具有积极影响的。

因为提供了一个很好的企业与消费者互动的平台，除了可以转发和评论之外，在微博中还设有单独的电影和读书版块，微博用户还可以通过这个平台为电影和书籍打分和发表影评、书评。如此一来，便为其产品的营销创造了更为有利的条件，如其电影和书籍的宣传等。这种网络口碑营销不仅可信度高，同时可增强与消费者的互动，延长消费者与其产品的接触时间，从而提升消费者的参与热情，促成购买，具有很强的影响力和传播效果。

2. 网络销售促进

对于暴雪公司这种超级游戏公司，其产品不光是在实体店发售，更多的是采用网络销售的手段来促进产品的销售。如粉丝既可以在实体店或者代理商处购买其周边产品，如点卡、虚拟物品兑换码等虚拟产品，同时也可以到暴雪的运营平台“战网”处购买相关产品，甚至在淘宝、京东等互联网平台购买。这样不仅为顾客提供了多元化的购买途径，同时也可以增加顾客群体消费的可能性，为顾客节约购买所花费的时间。

3. 网络媒体合作

知名的电视及网络媒体宣传也是暴雪娱乐公司进行网络营销的另一种方式。如 2016 年 1 月，暴雪公司买下电竞大联盟（MLG），找上社交网络界龙头 Facebook，以此为媒介全球直播电竞赛事，得到了很高的认可度。2016 年 3 月 30 日至 4 月 3 日，暴雪于美国俄亥俄州举办的“《绝对武力：全球攻势》大联盟冠军赛”（Counter - strike：global offensive major championship）吸引了 7100 万线上点阅人数，同时上线人数最高达 160 万人，线上观众总收视时数达 4500 万小时。这一方面展现了电竞的商业价值，另一方面也说明暴雪公司的这一战略具有前瞻性。

（二）线下活动

1. 暴雪嘉年华

暴雪嘉年华（BlizzCon）是美国电子游戏品牌暴雪娱乐于每年举办的年度盛事，主要内容包括旗下游戏：《魔兽世界》《魔兽争霸》《星际争霸》《暗黑破坏神》以及新作《炉石传说》和《风暴英雄》（Heroes of the Storm）。

作为一个巨型“游戏界苹果发布会”，每年的暴雪嘉年华都会是暴雪旗下各大游戏发布重大更新的最佳时机。例如，在 2016 年度的暴雪嘉年华中，暴雪不仅公布了新作品《风暴英雄》和《守望先锋》两款史诗巨作的发布时间及预售情况，同时也发布了令人期待的、跳票了十几年的《魔兽世界》电影等一系列公司产品的最新情况和发展方向。同时，会场中精彩的cosplay表演（见图4－6）和周边产品的发售也吸引了来自世界各地的“暴雪粉”。由于暴雪的授意，每年的暴雪嘉年华会场都会发售一些限量的周边产品，极少的数量和精美的做工往往引起粉丝的大力追捧。因此，每年的暴雪嘉年华都盛况空前。

图4－6　暴雪嘉年华内部

对于那些因为工作等原因无法出席的粉丝和玩家，暴雪公司巧妙地运用了自身的战网平台，打造了一场网上直播的视觉盛宴，使那些无缘出席现场的观众也可以一饱眼福。而在购买虚拟门票的同时，暴雪公司也会赠送一些限时购买的虚拟物品来吸引更多的顾客体验这一盛会。

2. 暴雪校园行

2013年9月，暴雪公司举办了第一次“暴雪校园行”活动，本次活动历时数月准备，途经北京、郑州、哈尔滨、天津、西安、济南、青岛、武汉、长沙、杭州、兰州、广州、昆明、成都、厦门、南京、重庆17个国内主要城市，纵贯南北，横跨东西（见图4－7）。在这两个月的活动中，暴雪公司走访了众多学校，其中不乏现场试玩、互动游戏、同台竞技、扫码抽奖等精彩活动，也极大地扩大了暴雪旗下游戏在校园内的市场份额。

图 4－7 暴雪校园行上海站

（三）线上与线下结合

作为一家世界级的娱乐公司，暴雪十分注重线上和线下结合的营销方式。在这次《魔兽世界》大电影的拍摄过程中，暴雪公司对于演员阵容的筛选十分关注，既有来自美国的大牌影星，也有来自中国的实力派演员，可以说是匠心独具。

三、商业模式及分析

暴雪公司的商业模式总结起来有以下三点。

1. 奉行精品战略

1995 年，暴雪拿出 30 万美元的经费，用了 10 个月时间完成了《魔兽争霸》（Warcraft）的续集《魔兽争霸Ⅱ》（Warcraft Ⅱ）。在当时市场一片暗淡的情况下，《魔兽争霸Ⅱ》仅历时 4 个月就在全球销售 50 万套，之后迅速破百万，成为暴雪第一部突破百万销量的产品，被《PC Game》杂志评为当年最佳多人联机游戏，此后的三年时间里一共卖出 250 万套。毫无疑问，这款游戏象征着暴雪公司的崛起，让全世界的玩家都记住了 Blizzard 这个名字。在《魔兽争霸Ⅱ》获得巨大成功之后，暴雪向自己提出了新的更大挑战：只开发一流的权威性作品，借此创建出“暴雪”品牌，让该品牌享誉世界。接下来，如果暴雪继续开发《魔兽争霸Ⅲ》，也许是最省劲、最稳妥的做法，但公司高层希望能够取得一个新的突破。于是，暴雪延续之前成功的风格，制作科幻游戏，推出了更加成功的《星际争霸》。暴雪的经营战略就是做品牌，而不是炒名牌。名牌并不等于品牌，原因很简单，名牌不过是脸熟而已，而品牌才是玩家的真正认同！只有强力的作品支撑起品牌，才能在市场竞争中取得一席之地。

2. 作风低调

在全球游戏圈，不知道暴雪创业者经历的人相当多，一个重要的原因是暴雪始终不愿借助媒体炒作自己。1998 年，艾伦·阿德汗辞去了总裁一职，改任公司的董事会主席，由迈克·莫怀米接任总裁。从一线退居二线，作为一名顾问，艾伦·阿德汗希望自己能有足够的时间重新回到游戏设计中来。颇为滑稽的是，艾伦·阿德汗辞职的消息没有在玩家当中产生任何反响，更没有降低玩家对暴雪的良好印象。因为除暴雪员工之外，没有人知道艾伦·阿德汗是谁，他是干什么的。“我们热爱游戏设计工作，但是我们需要把焦点凝聚在游戏产品上!”从游戏开发过程中获得的快乐足以让暴雪创业者避开外界的任何诱惑，这种献身于事业的激情使他们默默耕耘，甚至在很大程度上与外部世界的联系都保持封闭状态。在暴雪，从老板到员工都保持低调，公司的大门也很少向外界敞开，暴雪人的全部精力只专注于自己的事业。这一点与国内一些公司只知老板的大名而不知其产品的怪现象，正好形成了鲜明的对照。

3. 无限延伸的“战网”

1997 年，暴雪专设了在线服务器“战网”。“战网”的出现是暴雪对互联网时代的敏锐感觉与准确把握，其重要性无论如何形容都不为过。1998 年，随着《星际争霸》风靡全球，“战网”也日渐繁荣兴旺，两者相辅相成，共生共荣。1999 年，暴雪第一次在“战网”举办大赛，提供了 2 万美元的现金和奖品，全球玩家竞相参与，掀起了一场前所未有的网络游戏大战。有了“战网”以后，《星际争霸》吸引力陡增，世界各地的玩家联网真人对战，其乐无穷。许多人为此如醉如痴，寝食不安。暴雪“战网”虽然免费服务，但玩家必须拥有正版的暴雪游戏才能进入“战网”争霸。2000 年，暴雪在全球拥有 1300 万用户，“战网”的注册用户已达 750 万，日均 12 万人在线。为配合新产品的推出，暴雪进一步加强反盗版功能，对“战网”上 CD - KEY 的控制将更加严格，盗版游戏很难有机会领略其无穷的妙趣。数以千万计的玩家为暴雪带来滚滚财源。

暴雪向来有自己的一套，近几年来市场掀起移动游戏风潮，许多公司不惜一切纷纷转型，但暴雪并未冒进。与其他公司把所有系列产品都移动化的做法不同，暴雪从特定类型入手，从《炉石传说》谨慎地开始了自己的尝试，目前来看效果还不错。在游戏商城和微交易的问题上，暴雪同样是不急不躁，《魔兽世界》坚持时长收费十余年，有了商城之后也只出售一些无关数值平衡的装饰性道具。相较赚钱而言，暴雪的眼光更长远，它已经是一家数钱数到手抽筋的业界巨头。如果把游戏视为一种服务，暴雪力图让玩家付费之后觉得足够的爽，所以暴雪重视来自社区玩家们的反馈，玩家们的意见足以左右游戏的面貌。暴雪的每一部作品都精益求精，真正做到了艺不惊人誓不休，旗下三大系列游戏的销量都突破了“白金水准”，单个游戏销量达到 100 万套，总销量早已突破 1300 万套。三年磨一剑的精品战略是暴雪公司成功的关键所在。在游戏玩家中盛传这样一句名言：暴雪出品，必是精品。暴雪开发游戏的另一条秘诀就是，从不急于求成，做到精益求精。迈克·莫怀米曾经说：“我们决不希望成为拥有 1000 名员工的公司，但我认为在不牺牲质量的前提下，暴雪最终可以发展到六七个开发小组。少做一些，但是一定要做得最好。”在当今游戏市场竞争激烈的情况下，暴雪采取的正是“精品策略”，对游戏市场进行深入的研究，从玩家角度出发，对游戏的品质不断追求，做“有趣”的游戏，做经得住玩家思考推敲的游戏，而不像其他一些游戏公司，为了争抢游戏市场的份额，恨不得每月推出一款新产品。暴雪的“精品策略”成为其他游戏公司无可与之匹敌的法宝，暴雪品牌的成功成就了游戏产业中的经典，对游戏制作的不断创新也成了暴雪独树一帜的特点。

四、暴雪公司营销信息的传播与扩散

（一）营销策略

暴雪公司最基础的营销策略就是精品策略。可能很多企业都崇尚精品策略，但是并非所有的企业都能够贯彻、执行精品策略。精品恰恰是暴雪持之以恒的追求。追求精品使得暴雪的产量很低，基本上是三年磨一剑；追求精品，使得暴雪的团队规模也不大，而团队的任务也相对聚焦；追求精品也导致暴雪的作品几乎没有一个是如期上市的。追求精品让暴雪的品牌越来越亮，成为游戏行业中的抗鼎者。众多的精品，如《魔兽争霸》《星际争霸》《暗黑破坏神》《魔兽世界》都为暴雪带来了丰厚的利润以及巨大的声誉。暴雪的坚持得到了超乎想象的丰厚回报。

暴雪让自己既是用户又是厂商：作为用户可以了解需求，评判产品；作为厂商则可以找到满足需求的途径，并实现它。暴雪将更多的精力放在琢磨游戏玩家内心的深层感知，绝不轻易推出一两款二三线游戏，这点也与国内部分急功近利的游戏厂商形成鲜明的对比。换句话说，暴雪不断跳票甚至自裁以求精品的秉性不会因合并而有丝毫改变。游戏究竟为何而做？如何才能做一款受玩家欢迎的产品？面对这样的疑问，暴雪愿意花两年时间不断推倒重来，是什么力量促使他们如此执着呢？迈克和艾伦曾经在回首往事的访谈中提到：“促使他们坚持下去的动力是：制作伟大游戏作品的机会；对事业的执着追求；对公司未来的美好期盼。我们非常幸运，幸运就在我们旁边。”他们的成功真的只是幸运吗？

执行精品策略要耐得住寂寞，要抵制得住诱惑。太多的企业在一个产品成功的时候，就心急火燎地推出更多的新产品，而新产品失败之后又迫不及待地再次推出新产品。这些缺乏产品力的产品除了短期地填充销量之外，对于企业的长远发展、对于企业的品牌积累没有更多的帮助。在产品开发上，暴雪善于把握量与质的平衡关系，以少胜多的精品意识是暴雪的经营准则。当多如过江之鲫的游戏公司恨不能每月推出一款新游戏，一窝蜂争抢市场份额的同时，暴雪则凭借对玩家的深入了解，对品质不断追求，对游戏持续创新，这些构成了暴雪独树一帜的成功因素。三年磨一剑的精品战略，是暴雪公司成功的关键所在。

暴雪给自己的游戏定位是：玩家很容易就能上手，不需要花很长时间了解游戏该怎么玩，但玩家要精通这个游戏也并不容易，可能要多玩几次才能明白。也就是说，游戏应该很浅显，让尽量多的玩家能体会到乐趣；同时又要有足够的“深度”，让那些高级玩家不容易感到厌倦。

要做到这一点当然很不容易，即使是暴雪这样的公司也需要付出极大的努力。1995 年 12 月，《魔兽争霸Ⅱ》在全美发行，立刻引起轰动，成为暴雪首款销量超过百万的游戏——这个销量在当时整个 PC 游戏界都很少见。在开发《暗黑破坏神》的同时，暴雪也在考虑下一款即时战略游戏。一个很自然的选择是《魔兽争霸Ⅲ》，但暴雪的“玩家开发者”们似乎有些厌倦了。“我们想从《魔兽争霸》中暂停一段时间，寻找一些新鲜的东西。”迈克·摩尔海姆说。大家都想制作一款科幻背景的游戏，于是他们开发了《星际争霸》，并在 1996 年 E3 大展上展示给了公众。结果几乎是一场灾难，玩家称其为“紫色的《魔兽争霸》”“太空里的兽人”。他们认为这款游戏同《魔兽争霸》区别不大。暴雪面临抉择：是继续改进《星际争霸》，还是干脆放弃这一游戏？最终，暴雪决定对《星际争霸》进行大规模改进，哪怕这是一个“最漫长和痛苦”的过程。开发小组对《星际争霸》的图像引擎进行了彻底的更新。最终，在大量工作之后，《星际争霸》获得了成功。

与此前的 RTS 游戏相比，《星际争霸》体现出的最大特色在于兵种的协同。《星际争霸》共有三个种族：人族、虫族和神族。每一种族都有许多不同的兵种，具有复杂的相生相克关系。以往的 RTS 游戏中往往有一只兵种是最强的，如坦克。这样，玩家的策略就很简单，生产出足够多的坦克后，几乎可以不考虑战术就往对手的基地猛冲。而在《星际争霸》里，没有这样简单的策略和无敌的兵种，在水平接近的玩家之间，仅靠数量上的优势就取得胜利是不大可能的。玩家必须仔细研究兵种之间的关系，根据对手的兵种配备和战场的形势变化，迅速做出反应。这给了《星际争霸》以足够的游戏深度。直到今天，《星际争霸》仍然是网上一些玩家对战的首选。

对自己的产品进行改进，让它更好，是一种对口碑、对品牌重视的制造方式，但并不是唯一的方式。有的时候，忍心舍弃、壮士断腕同样是保证品牌声誉所需要的。

在开发和改进《星际争霸》的同时，基于《魔兽争霸》设定的另一款游戏也在开发过程之中，这就是《魔兽冒险》。这是一款冒险游戏，故事发生在《魔兽争霸Ⅱ》之后。一家在俄罗斯圣彼得堡的游戏公司被授权进行开发。消息传出后，媒体和玩家表现出了极大的兴趣。然而，在 1998 年 E3 大展前，暴雪宣布取消这一开发计划。此时，《魔兽冒险》的开发已经接近完成。这就好像在马拉松比赛选手终点在望的时候告诉他：“比赛取消了。”

暴雪为什么要这样做呢？《魔兽冒险》的原开发总监比尔·罗珀对此的解释是，暴雪花了太大的精力在人物性格、谜题等设定上面，从而忽视了冒险类游戏的发展趋向。他认为，如果在 1998 年 E3 大展上推出《魔兽冒险》，玩家的反应将是："如果在两三年前推出这款游戏，那它将成为经典之作。"冒险游戏正在向3D模式演进，而《魔兽冒险》的纯2D风格显得太"怀旧"——这正是在游戏开发上要不得的。此外，LucasArt公司那时刚推出的《猴岛小英雄Ⅲ》具有十分出色的视觉效果，成为《魔兽冒险》的最大竞争者。暴雪认为，此时再推出的《魔兽冒险》无法成为"老A级"游戏。所以，他们最终取消了这一计划，转而寻求开发一个在3D环境下、更大规模的多用户在线角色扮演（MMORPG）游戏，即后来的《魔兽世界》。

暴雪对自身品牌形象的要求如此严格，甚至有些苛刻。实际上，当人们谈起暴雪产品的"好"时，更多谈论的是它们的复杂设定与精细，也就是游戏强大的可玩性和极深的内涵。与同时代微软的《帝国时代》相比，《星际争霸》在画面上并没有好多少，但游戏的可玩性则强得多，能更长久地吸引玩家。而对于《魔兽冒险》，暴雪采取了一贯的"要么最好，要么不做"的态度，坚决取消了这一计划。壮士断腕自然损失惨重，但暴雪的目的是维护自己高端的品牌形象，以获得更长久的利益。

（二）营销理念

暴雪的成功无可争议，除了执着的敬业精神之外，其全球化的营销策略功不可没。正如上文所说，战网的推出无疑具有里程碑式的重要意义，怎样使全球的玩家共同享受游戏的乐趣一直是个永恒的主题。世界级的竞技大赛是学习高手战略战术最好的舞台，WCG、WWI、IEST、WVSG、PGL等一系列全球高水平竞技赛事为玩家留下了珍贵精彩的视频。事实证明，这种潜移默化的文化传播是最迅速也最有效的。

暴雪在营销方面的成功也来源于营销理念的成功。几乎所有的企业都希望伟大、不朽，所有的企业都希望有卓越的产品，但是当现实的盈利需要和营销理念相冲突的时候，被放弃的往往是营销理念。从这个意义上而言，坚定的营销理念对于一个企业是相当重要的。暴雪的营销理念是"好玩”，暴雪围绕着消费者的需求，真实而创造性地诠释着“好玩”这样的理念。

“好玩”具体到产品当中有以下四个层面的意义。

1. 故事要好、情节要吸引人

这是游戏背景设置方面要解决的问题。光《暗黑破坏神》的游戏背景资料就像一本非常精彩的小说，涵盖了欧洲中世纪几乎所有的神话传说，很多人包括中国的很多玩家是玩了《暗黑破坏神》之后才开始对欧洲中世纪的历史发生兴趣的。而同名的电影据说也在紧锣密鼓地筹备之中。

2. 游戏要平衡

所谓平衡是指，游戏既不能过于简单，又不能太复杂，不能有太多的捷径可以走，要保证对抗中的平衡和持续。暴雪的游戏都保证了良好的平衡性。

3. 游戏要耐玩

游戏中要有值得钻研的东西，而不是玩过之后就味同嚼蜡，不想再玩。耐玩是暴雪产品的一贯风格，对于暴雪玩家来说，玩三个月仍然只是入门阶段，一个游戏玩上几年是非常普遍的情况。

4. 要具备连线的功能

玩家中流传：与天斗乐趣有限，与人斗乐趣无穷。而暴雪首开免费的战网之先河，同时将网络竞技带入游戏之中，更是加大了游戏的乐趣。

（三）营销活动

2010 年 11 月 23 日，暴雪宣布数场官方举办的上市活动以庆祝即将上市的《魔兽世界：浩劫与重生》。《魔兽世界：浩劫与重生》是世界上最受欢迎的多人线上角色扮演游戏《魔兽世界》的第三部资料片。自 2010 年 12 月 6 日晚上起，美国、加拿大、法国、德国、俄罗斯、瑞典、荷兰、西班牙、英国、中国台湾等地的主要零售合作伙伴将为想成为第一批购买及体验《魔兽世界：浩劫与重生》的玩家举行庆祝活动，《魔兽世界》研发团队的人员也将出席各个地区的玩家签名见面会。2012 年 12 月 17 日，暴雪举办的星际十周年纪念活动在中国举办。为了推广和宣传《魔兽世界》最新的资料片《大灾变》，暴雪举办了两场创意广告征集活动。2012 年 6 月 4 日，Meters/bonwe《魔兽世界》系列在美特斯邦威南京东路旗舰店举行全国限量首发活动。2015 年 3 月 13 日，暴雪公司举办玩家嘉年华以推广暴雪娱乐游戏的最新版本。

（四）实现信息的传播与扩散

通过精品营销策略，“好玩”的营销理念，以及在世界各地与暴雪的游戏玩家举办各种各样的比赛、活动以及嘉年华，暴雪公司成功地在其自身的营销活动中实现了信息的传播与扩散。

五、公司核心竞争优势分析

（一）产品优势

暴雪公司的优势在于其强大的产品支持，很少有游戏公司可以做到像暴雪公司这样在如此多类型的游戏领域都取得惊人成就。同时，产品之间的联系也使得很少有暴雪的粉丝只钟情于其单独的一款作品。尤其令人印象深刻的是暴雪的主打游戏：《魔兽世界》。

2005 年，《魔兽世界》在中国落户。相对于国内普遍流行的 2D 游戏，《魔兽世界》从各个方面都远胜于国产游戏，使中国网民们一时疯狂追逐。十一年间，虽然同类型的游戏得到了极大的发展，也使《魔兽世界》处于风口浪尖之上，但是依然不能撼动其作为国内流行时间最长、也最为经典的一款 3D 游戏鼻祖的地位。《魔兽世界》的出现，增强了世界游戏粉丝的操作能力与接受新事物的能力。

（二）品牌优势

暴雪公司作为美国最大的游戏公司，优秀的游戏制作人员、良好的商业信用以及精益求精的游戏制造理念为它赢得了极好的口碑。暴雪对于产品的苛责可以说是闻名于业界，绝不赶工出作品，近乎苛刻地控制游戏质量，使得暴雪的每款新品游戏都能在上市前得到最瞩目的关注和最庞大的粉丝群。

（三）技术优势

暴雪拥有领先于业界的技术水平，作为高端游戏的领航者，暴雪的游戏开发人员具备丰富的游戏制作经验，而相对较长的制作周期也使得暴雪游戏的细节更加细腻、逼真，得到了粉丝的一致好评，为暴雪公司赢得了一大批忠实用户。如早期的《魔兽争霸 III》《魔兽世界》，无疑都是可以引导潮流之作，为其迅速打开了世界各地的市场，赢得了巨大的财富积累，使暴雪有更充足的人员和技术支持制作更加庞大、内容丰富的游戏作品。

六、公司现存的最大问题

暴雪现在最大的问题是营利模式。

暴雪早已不缺乏玩家，不缺乏知名度，无须辛苦宣传打开市场，那么它现在着力于什么呢？暴雪正尝试打通各款游戏，让玩家的好友在各游戏中共享。也就是说，暴雪正努力消灭“魔兽粉”“星际粉”等，致力于将他们改造为“暴雪粉”。

如一个骨灰级《魔兽世界》玩家在游戏中拥有一个厉害角色，然后玩着玩着，突然有一天发现这个游戏不再更新了。然后，他发现他可以进入暴雪的其他游戏，并且不需要从头开始。

以《暗黑破坏神 3》游戏为例。玩家们以前并不会往游戏里砸钱，但是现在，他们可以在《风暴英雄》中购买英雄，在《魔兽世界》中购买坐骑，在《炉石传说》中购买卡片。于是他们开始花钱如流水，并且乐此不疲。玩家一边“吐槽”《暗黑破坏神 3》是一部纯刷装备的游戏，一边不停歇地刷着，因为曾经一起在《魔兽世界》玩耍的小伙伴们都玩《暗黑破坏神3》了。

暴雪正在建立一个庞大的娱乐帝国，目光紧盯着玩家的钱包，却忽略了长久的发展和利益，不顾玩家体验，就如同中国的“快钱”公司。暴雪精心计算了扩展包面世时间，每当玩家玩腻了上一个扩展包时，暴雪便会适时地推出新的扩展包，明眼人一看就知是精心安排好的。《暗黑破坏神3：死神之镰》是在三月份推出的，到六月份时，大部分玩家已经玩了一遍又一遍。接下来的四个月要玩七八月份推出的《炉石传说》迷你扩展包“纳克萨玛斯”。等玩家玩腻了的时候，《魔兽世界》扩展包又隆重推出了！一旦玩家“吐槽”多了，难以忍受了，暴雪就推出另一个扩展包，勾着玩家们接着玩、接着投钱。

是时候反省一下初衷了，了解玩家需求，做出经典游戏，这才是暴雪发家的根本。暴雪现在的做法是在消费忠实粉丝，却没有想办法开拓新用户，留住老客户。时至今日，已经有许多忠实粉丝转路人了，《魔兽世界》等游戏的玩家数在不断减少，而且毫无好转趋势。

暴雪公司从不缺乏好游戏，他们拥有天才设计师，占有行业一流的天赋，但如何运营好这些游戏，让精品成为经典，值得思考。行业中一个典型的例子，EA公司最近几年饱受诟病，连续几年被评为北美最差的公司，原因就是一味赚钱，不顾消费者体验，希望暴雪不要步EA的后尘，走出一条好路。

参考文献

[1] 石翔．暴雪“背叛”背后的娱乐思路［J］．电子竞技，2016（11）：12－14.

[2] 吴林静．暴雪娱乐18年来首推新IP向短平快游戏发力［N］．每日经济新闻，2016－05－31（6）.

[3] 郑洁．暴雪娱乐：投资泡沫下对游戏IP的坚守［N］．中国文化报，2015－08－08（2）.

[4] 董露茜. 暴雪娱乐的新“玩法”[J]. 新财经，2013 (9)：75 – 77.

[5] 孙那. 论计算机字库的法律保护“方正诉暴雪娱乐公司”案件评析 [J]. 电子知识产权，2013 (5)：40 – 47.

[6] 冯文礼. 健康游戏对培养青少年精神素质有益 [N]. 中国新闻出版报，2010 – 09 – 02 (1).

[7] 张兵. BlizzCon 2009 第四届暴雪娱乐嘉年华专题报道 [J]. 电子竞技，2009 (17)：14 – 20.

第5章　滴滴出行的社会化媒体营销分析

一、背景介绍

滴滴出行是中国的一款免费打车应用程序，广大的网友和用户将其称为“打车神器”。它集出租车、快车、顺风车、专车、代驾、巴士、试驾为一体，让广大的用户能够快捷出行，随意选择出行的方式，顺应了各个阶层、各种收入水平、各种工作类型的用户的需求。

2014年5月中旬，北京小桔科技有限公司对媒体宣布，将公司名称命名为“滴滴打车”。2015年2月4日，滴滴打车公司的首席执行官程维宣布，滴滴打车公司的运营官柳青负责日常的运营并且出任滴滴打车公司的总裁。2015年的情人节，快的打车公司和滴滴打车公司进行了战略合并。在滴滴打车上线的三周年，“滴滴打车”正式更名为“滴滴出行”，并启用全新品牌Logo。2015年9月9日，滴滴出行与宇通合作，打造“互联网巴士生态”。2015年5月13日，Apple公司向滴滴出行投资10亿美元。

二、滴滴出行的基本信息

滴滴出行的基本信息如表5－1所示。

表 5－1　滴滴出行的基本信息

信息项	内　容	信息项	内　容
中文名称	滴滴出行	软件大小	18.8MB
外文名称	Didi Taxi	公司口号	滴滴一下，美好出行！
产品名称	滴滴出行	支持系统	IOS，Android，WinPhone
软件版本	V4.0	合作平台	腾讯应用宝
所属公司	北京小桔科技有限公司	应用语言	中文
产品类别	旅行	创始人	程维
成立时间	2012 年 6 月 6 日		

三、滴滴出行的关键信息

滴滴出行的关键信息如表 5－2 所示。

表 5－2　滴滴出行的关键信息

信息项	内　容
营销组织	滴滴出行
推广目标	更名：将“滴滴打车”变更为“滴滴出行”
推广目标行业	旅行
推广目的	更名为滴滴出行，将“滴滴一下，美好出行”的理念传达到更广泛的人群，进而提升品牌形象与口碑
推广期	2015 年 9 月 9 日
主投放平台	新浪微博
目标受众特征	微博用户及广大上班打车族
主要推广方式与特点	用微博大 V 创造话题，发起“拼 D 作品”创造新 Logo，并有机会获奖

（一）预热期

滴滴出行利用社会化媒体开展营销活动，滴滴出行最大的社会化营销预热手段是将“滴滴打车”更名为“滴滴出行”（见图 5－1），这引起了广大网友和用户的高度关注。近几年，很多科技企业都进行了更名和换标识的行动。例如，近期比较让人关注的 Instagram 对其应用程序的 Logo 进行了全新的设计，让广大的网友都惊呼，以为自己的手机莫名其妙地下载了其他软件，仔细端详之后发现，更新后的新版本标识发生了重大转变。滴滴出行更名之后，很多人都以为它是要更改业务，但是这个猜测是错误的。“滴滴打车”只是将名称改为“滴滴出行”，并且启用了全新的品牌 Logo，推出新版的应用程序“滴滴出行”。

图 5-1 “滴滴打车”更名为“滴滴出行”

2014 年 5 月中旬，北京小桔科技有限公司正式命名为“滴滴打车”，它的含义是“滴水之恩，涌泉相报”。2015 年情人节之际，快的打车与滴滴打车进行战略合并。2015 年 9 月 9 日，滴滴快的宣布完成总计 30 亿美元的新一轮融资。同天，“滴滴打车”将名称更改为“滴滴出行”，并且启用全新的应用程序和品牌 Logo。2015 年 10 月 2 日，滴滴出行更新了专车接送机、延误免费等服务。滴滴打车 APP 进化成“超级 APP”，适应了不同场合、不同人群用户的需求，扩展了业务，让广大的用户有了更多的选择空间。

滴滴打车应用程序在启动的时候可以看见“滴滴打车全新品升级倒计时”的字眼，在此之前，也曾在启动界面出现“滴滴打车，再见”的界面。这就提前向广大的软件用户预告，滴滴打车公司将要有重大的行动。

滴滴出行的这一系列行动让广大的网友和应用软件用户都在猜疑，并且产生了很多的流言，在滴滴出行的官方微博评论区也有网友纷纷评论相关问题。广大的网友和滴滴出行的用户都在关注滴滴出行是不是在业务上有了转变，包括要停出租车，滴滴出行为了规避限制自己买车租给车主、快车业务将要消失等流言。其实对于出租车行业来说，滴滴出行在给私家车和出租车司机带来便利的同时，也让这些出租车司机产生了极大的不满。例如，最近在网络中流传在西安的道路航拍上，很多绿色的出租车全都聚集在一起，拥堵在马路上。大家都在流传说，这是出租车司机对滴滴出行的一种抗议。

滴滴出行在 2015 年 9 月初发布了官方微博进行辟谣，这些流言为滴滴出行的更名吸引相当多的关注。现在滴滴出行有了更多渠道，支付宝首页也有了滴滴出行。

2015 年 5 月 13 日，滴滴出行宣布其新一轮的融资取得了重要的进展，获得多家海内外知名金融及产业机构投资。其中，Apple 公司以 10 亿美元投资滴滴出行，这是滴滴出行迄今为止获得的最大单笔投资。

（二）爆发期

滴滴出行全面升级，将“滴滴打车”更名为“滴滴出行”，并且在微博上带话题发微博，让广大网友打开脑洞，发挥“妄想”基因，创造“拼 D 作品”就有机会让小滴承包本月打车费，获得 3000 元滴滴余额，转发微博有机会获得 20 元出租车券（见图 5 -2）。

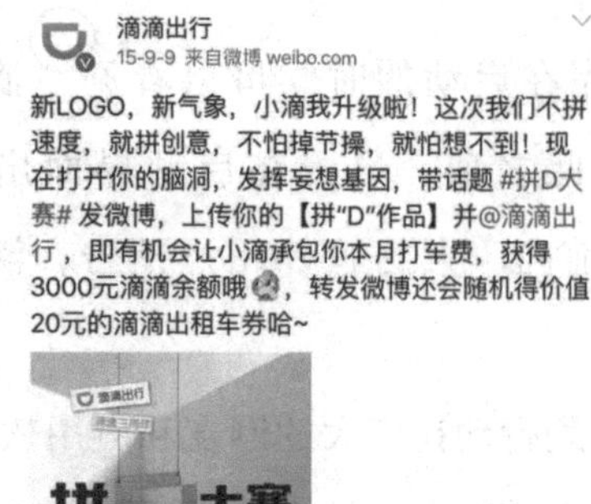

图 5－2　拼 D 大赛

一线大咖明星微笑站台（见图 5－3），助力滴滴全新品牌升级，与滴滴出行一同开启全新微笑体验模式。谁的微笑最迷人？滴滴出行认为，在路上，你们的微笑最迷人。

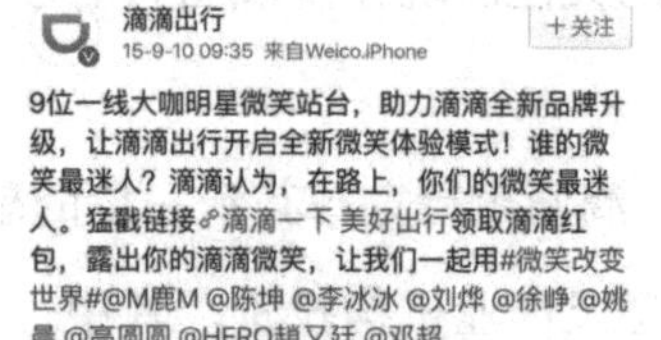

图 5－3　明星大咖助力滴滴全新升级

（三）后续期

在后续期内，最受广大网友和用户关注的就是滴滴出行出现了品牌标识撞衫的新闻。网友扒出，滴滴出行的新 Logo 与 2014 年 2 月印度设计师在网站上所发表的牙医标识雷同。其实，早在滴滴出行发布品牌标识前三个月内，滴滴出行的设计团队、工作人员以及合作伙伴，就在国内外的全网范围内搜索自己所设计的 Logo 会不会有雷同或者类似，以避免由此带来的知识产权问题，当时他们并没有发现有类似的商标。然而就在他们准备发布全新品牌 Logo 的前两天，有设计师说在某个印度论坛中有印度的设计师发布过类似的设计作品，滴滴出行的设计团队看到这个作品也是懵圈了。当时滴滴出行的工作人员和设计团队想过紧急修改方案，设计团队在设计的过程中有将近 200 多种设计的图纸，并且这些图纸为了解释这件事情也通过微博发布过。但是团队人员经过再三思索，认为目前的品牌 Logo 还是很符合滴滴出行所想表达的内涵。这个标识的含义是微笑 D 的创新。"可以谈谈收购下来，然后出一个滴滴拔牙。正好一举两得。"这是在网络中最佳的网友评论。在此次事件出现之后，滴滴出行第一时间就做出了相关的反应，并且将当时的设计图纸拿出来给广大的网友和用户看，新版的 Logo 已经提交了商标注册。

四、问题分析

（一）对社会化媒体的选用

在生活中，人们对于代步工具的需求非常多，当公交车、地铁等交通工具满足不了需要的时候，就会选择打车。但在打车的过程中可能会面临打车难问题：要么是司机拒载，要么是大排长龙。但是，问题就是机遇，于是滴滴打车出现了。

简单地说，滴滴打车就是一款打车软件，生活中常被戏称为"打车神器"。两年后的今天，滴滴出行的各项业务也已日趋成熟，成为包括出租汽车、专用车、快车、顺风车、代驾及大巴等多项业务在内的一站式平台。更重要的是，它的操作方式简单便利，用手机即可完成所有操作，到站后也可用手机进行支付。

滴滴出行运营到现在能取得巨大的成功，一方面是它的实用性很强；另一方面是它使用社会化媒体开展营销活动。

首先，滴滴出行刚推出便与微信进行合作，在微信“钱包”的选项里便可随时随地叫车。众所周知，微信现在已经变成中国人几乎离不开的聊天软件，滴滴打车在微信里首先使用这个功能，可为自己的品牌做宣传。

其次，微博上的宣传更是“铺天盖地”。经常用滴滴出行的人会发现，滴滴出行对打车券出手格外阔绰。微博有活动会赠送打车券，抽奖抽中打车券的概率也非常大，打车券的灵活性也很强，可以赠送给好友、亲人，等等。不仅如此，笔者还在滴滴出行微博上搜到不少滴滴出行的负面信息。例如，司机的服务出现问题，乘客的安全没有保障，打车券只是徒有虚名，等等。这种消息乍一看，人们会对滴滴出行产生怀疑，可是这也说明滴滴出行重视对于负面消息的应对，这难道不属于其社会化媒体运营方式的一种吗?

不得不说，滴滴出行在社会化媒体的运营中简直无孔不入，百度贴吧也被涵盖其中。现在使用百度贴吧的人虽然在逐渐减少，但是用它的人却非常“专一”，因为随意翻翻贴吧就可以发现，贴吧里长期有各种人在互动：他们或许人数较少，但是他们每天都去。因此，滴滴出行的运营方式也进入了贴吧。

随着滴滴出行深入群众，滴滴出行自己的 APP 也开始运作。APP 中的作用更全，打车也更为方便；福利、红包也更为多样化。滴滴出行更是在Logo设计上下足功夫，用橙黄色作为主色调，其他的界面多为灰黑色以示衬托。从色彩上来说，橙黄色更容易给人一种温暖安静的感觉，而且它以灰白色等冷色调作为衬托，也突出了重点。再看滴滴出行软件里的布局，首页设置了地图、目的地的输入、预约菜单和功能菜单，乘客可以进行当前自动定位设置，还可以显示周围可打车位置。嘀嘀出行 APP 的页面清爽干净，给人一目了然的感觉。嘀嘀出行 APP 把用户第一步要做的打车、预约放在很显著的位置，地图也只简单地显示当前定位位置、周围可打车辆这些最核心的信息。因为功能越多，就越是容易分散用户的注意力，与此同时也会降低打车这个重点功能的使用性。

跨界营销也是当下非常流行的一种营销方式。情人节，滴滴出行与DarryRing 进行了合作。在此之前，滴滴出行与国美、蒙牛、良品铺子的合作也是屡见不鲜。滴滴出行的营销方式大部分都依赖微信、微博等媒体，蒙牛和滴滴出行就是通过在微信上抢红包的营销方式，革新人际传播，引起客户转发，从而实现传递各自的品牌温度。

这么多品牌热衷于跨界营销，里面的好处自然不言而喻。当其中一个产品拥有了大量用户，这个产品本身就会成为一个非常具有号召力的企业自媒体，其实品牌的跨界背后是用户群在流动。另外值得一提的是，在互联网热潮之下，高成本的推广方式让用户获取成本越来越高，职业化传播者一直在寻找免费、廉价的流量入口，滴滴出行的营销方式为这种设想提供了可能：把媒体和产品进行融合，运用更多创造性的传播技巧创造新的流量入口。

（二）与消费者之间的互动

对于滴滴出行，消费者最大的印象就是，有一段时间在各种著名网络平台都可以抢到滴滴出行的代金券红包。通过红包和周围同学的推荐，消费者开始了解并尝试使用，所以消费者认为滴滴出行是一个很擅于采用网络互动营销的方式进行宣传的企业。因为在消费者的印象中，滴滴出行的线下宣传很少，基本上都是靠网络媒体进行宣传，利用网络的开放性、舆论性将软件推广，达到营销目的。

消费者了解的滴滴出行在网络上的主要宣传渠道就是现在比较火的微信、微博。先从微博说起，消费者一般刷微博都会关注一些明星、好玩的营销号，然后就是关注热点事件，通过微博来开阔视野、放松心情。滴滴出行在微博上的营销主要是：首先，通过微博上的大 V 对产品进行宣传，让更多的人知道有这个软件，有好奇心，然后主动地去上网搜索了解软件，从而促成了滴滴出行与消费者的互动。其次，就是很有用的红包轰炸，滴滴出行以省钱、快捷、便利脱颖而出，很大的原因就是在宣传前期采用红包策略和消费者进行互动。微博大 V 的推荐更多的是让消费者了解品牌，只是推荐就选择使用下载的消费者毕竟是少数，真正能让消费者尝试的原因大多数来源于利益的驱使。大量的代金券一般可以保证首次打车的花费在 10 元以内，在微博不断地宣传轰炸下，很多消费者会愿意去尝试。第一次消费的舒适体验会让消费者在下一次打车的时候再次选择滴滴出行，而且也会分享给周围一些没有使用过的消费者，促成消费者与消费者之间的互动。所以红包代金券攻略，是一个让消费者可以尽快了解企业的好方法。最后就是热点事件的互动，微博是一个分享热点事件很好的平台。消费者浏览滴滴出行的官方微博会发现，微博里不是乏味的对滴滴出行的推广，而是一些很有意思的段子，还有一些和微博网友的互动，这样可以给消费者和潜在消费者很好的印象。滴滴出行的每一条微博大多会提到当前的热门网络事件，并包含着对滴滴出行的宣传，让人觉得宣传得很有意思。在微博中，消费者还看到了滴滴对于一些负面新闻的回应，和一些打车遇难事件的关注，在出现错误过失的时候勇于承认，并对出现的问题持续关注，不断做出答复。这样对于危机事件的处理会让看到这些微博的消费者安心，愿意更多地信任这个企业，为企业提出建议，从而达到互动的目的。

微博大多是企业通过官方微博、大 V 宣传，或是红包直接地与消费者互动，而微信更多的是企业有意识地引导消费者之间进行互动。在微信中，好友一般都是自己身边认识的朋友，相互之间都会有往来，遇到一些事物也会相互交流。在微信中领到的红包和微博中的完全不同，微博上虽然有人推荐使用，但毕竟是不认识的陌生人，而微信上的红包分享更多的是身边认识的朋友，朋友之间遇到新鲜事物往往都会互相讨论，从而就促成了消费者与消费者之间的互动。相比于微博，朋友间的相互传播宣传会更有说服力。还有就是微信支付对滴滴出行的宣传。互联网的普及让手机变得越来越重要，手机的各种支付方式逐渐兴起，微信支付一方面为滴滴出行的运营提供了方便，另一方面让消费者可以体验到更快捷、更便利的服务。还有就是在微信上使用滴滴出行可以不下载 APP，有专门的公众号可以使用。使用者可以提意见互动，还可以直接打开微信钱包使用，减少了下载 APP 和学习使用的麻烦。消费者使用舒服了，就会推荐给周围的人，所以将产品做好，做得简单便捷，也是促成消费者与消费者之间互动很重要的因素。

企业如果玩得转互动营销，一定可以收获很好的宣传效果，但是玩得不好只会适得其反。滴滴出行的互动营销有好的方面，也有不好的方面。在微博的营销中，营销号的推荐其实已经成了一种不太被人认可的方式。很多时候，一些营销大 V 可能从来就没有体验过产品，盲目的推销虽然达到了宣传的效果，但是会引起消费者反感。因为相比于营销号，消费者更愿意相信使用过的普通用户。在红包宣传上，消费者觉得很好，但红包、代金券不宜提供得过多，因为供过于求的代金券会显得不值钱，而且不利于企业的长期发展。微博的热门事件和互动很有必要，微博上很多人很多事情都是通过热点事件评论、一些有趣的段子被熟知，而且这种方式可以引起兴趣，不会让人反感。在微信方面，滴滴出行可以让每一个使用过的用户有将红包分享给朋友的功能，更加促进消费者与消费者之间的互动。朋友间的友好推荐是最不容易让人产生反感的，也是消费者最容易接受的方式，而且微信有专门的公众号可以直接使用滴滴出行，所以加强微信方面的互动更能达到营销的目的。

（三）采用的商业模式

就目前来看，我国消费者仍习惯于免费使用手机软件，所以目前甚至于未来很长一段时间内，滴滴出行对于用户来说仍是免费使用的。滴滴出行在打车部分的收入也微乎其微，但滴滴出行庞大的用户数据资源让滴滴出行可以通过广告和增值服务来获取部分收入。实际上，滴滴出行早就启动了以广告形式获取增值利润的活动。例如，早前推出的“给全国人民送荔枝”“给全国人民送蛋糕”等活动，都是利用在 APP 中植入来吸引人们的关注点击，以此来收取广告费用。滴滴出行的投入远远大于盈利，虽然在对司机和乘客的补贴上已经日益缩水，但是滴滴出行目前仍然是零盈利的模式。2014 年，滴滴出行创始人兼 CEO 程维在接受记者采访时说滴滴出行未来三到五年没有盈利计划。

融资是滴滴出行十分重要的资金来源，滴滴出行一代产品于 2014 年 9 月正式上线，上线仅 3 个月滴滴出行就完成 300 万美元的 A 轮融资；2013 年 4 月，滴滴出行顺利完成 B 轮 1500 万美元的融资；2014 年 1 月，完成 C 轮 1 亿美元融资；同年 12 月，完成 D 轮 7 亿美金融资；2015 年 9 月，在滴滴与快的宣布合并的 7 个月后，滴滴快的宣布完成总计 30 亿美元的新一轮融资。

表面上看滴滴出行的确拿到了数额庞大的融资，但是滴滴出行初创期为了推广产品、铺开市场，曾经发起过补贴大战，同时对乘客和司机进行补贴，这样的补贴策略使得滴滴出行在 2013 年、2014 年两年就烧掉了 15 亿元。这样的战略是非常有效的，滴滴快的合并后占打车应用市场份额的 95%，成为当之无愧的市场巨头。滴滴出行通过补贴给中年司机普及了智能手机，也让普通大众通过大力度的优惠了解了线上叫车服务，从而改变普通百姓的出行方式，让大家更适应甚至于更习惯线上消费。

从滴滴出行的发展历程和广大商业评论对于滴滴出行的分析总结来看，滴滴出行的商业模式是基于互联网大数据的、逐步走向平台化的长期战略。如今，虽然滴滴出行已经成为国内打车软件的巨头，但是随着国内的神舟专车、海外的优步加入战局，它们自然而然地瓜分掉滴滴出行的用户。如何留住用户，如何培养忠诚用户成为现阶段滴滴出行急需解决的问题。优化服务、提高用户的感知质量可以改善滴滴出行目前被夹击的现状。而持续优化出租车的调度、提高打车成功率、不断开发新产品从而帮助更多的用户打到车正是目前滴滴出行不断在努力的。滴滴出行创始人兼CEO程维认为要将滴滴出行从一个应用延展做成一个互联网平台。而从应用延展成平台，微信就是最好的例子，但是目前微信的商业化之路也走得并不顺利。滴滴出行虽然目前并不挣钱，但是在开拓市场、培养忠实用户方面已然成为业界翘楚。而自从滴滴与快的合并之后，滴滴出行先后推出了经济型专车服务“滴滴快车”、拼车服务“滴滴顺风车”、定制巴士服务“滴滴巴士”、代驾服务等多线产品来拓宽用户群体，拓宽盈利途径。与此同时，滴滴出行在收集用户出行数据、改变用户使用习惯方面已经显现出背后的商业价值。

随着“互联网+”理念的普及，大数据的重要性与日俱增，手机软件的运营商从用户的使用数据可以分析出很多具有商业价值的信息。滴滴出行可以通过分析用户的出行数据了解用户的刚性需求和弹性需求，如通过分析用户的出行时间、出行高峰、出行偏好来进行内部的车辆调动。在用户使用滴滴出行较少的时间段向用户发放优惠券，从而鼓励用户使用滴滴出行；还可以通过用户的出行偏好来定点向用户推送广告。往深层次分析，未来滴滴出行可以使用这些累积下来的用户数据将滴滴出行构建成一个新兴的互联网平台。

做出用户喜欢的产品不难，最难的是改变用户的使用习惯。在互联网支付普及之前，大部分人更习惯使用实体货币，并且认为实体货币更加安全方便。滴滴出行在进行市场推广的初期使用的就是“补贴+种子用户”模式，一方面通过培养种子用户建立起用户口碑；另一方面利用超大力度的补贴政策吸引更多的司机和用户加入到手机支付、线上打车的行列中。滴滴出行通过优惠补贴来提高自己的用户黏性，部分被优惠力度吸引过来的新用户在使用几次后自然而然会变成滴滴出行的忠实用户。

滴滴出行的背后是阿里巴巴集团，而腾讯集团又手握滴滴出行几千万美元的投资，在阿里巴巴和腾讯国内两大互联网巨头的加持下，笔者认为滴滴出行不仅是两大互联网巨头在打车应用市场的一个探索，更是巨头联手探索互联网平台发展的一个探路者。随着电子商务的发展，互联网支付逐渐从 PC 端向移动端转移，而逐步拓展使用手机支付的群体对于各大互联网公司来说仍是一个值得深思的问题。早前嘀嘀出行在 APP 中打出广告请全国人民打车，只要用户使用滴滴出行叫车并完成出行消费，系统会自动扣除打车消费，但是用户仍然需要支付 1 分钱。这 1 分钱不能让滴滴出行从中获利，但是却为滴滴出行带来了很多首次使用手机端支付的新客户，这对于滴滴出行甚至对整个电子商务领域都是有益的——新用户为了支付 1 分钱而将手机与银行卡绑定。一旦用户开始了手机支付的先河，平台就很容易吸引用户进行下一次的消费。

更重要的是，滴滴出行这样的打车应用对于传统出租车市场来说是一个巨大的冲击，一如支付宝等互联网金融对于传统金融行业的冲击一样。如支付宝的余额宝业务冲击了银行业的储蓄业务后，银行不得不开始探索与互联网金融合作以此来共赢，这对于一直处于垄断地位的传统金融行业来说是垄断被打破的开始，而对于互联网金融来说则是一个良好的开端。虽然短期内滴滴出行是不盈利的，但是滴滴出行对于传统市场的冲击有可能会使政府管理部门开放专营市场，这样巨头也许可以通过滴滴出行将业务拓展到交通、能源这些以前都是国家垄断发展的行业中。从长远来看，这样的收入是非常可观的。所以综合各方面来看，滴滴出行的商业模式是基于互联网大数据基础上的：从短期来看，以广告、增值服务和多线业务来营利；从长期来看，可基于数据收集、数据分析来构建互联网平台，以此达到盈利目的。

（四）信息的传播与扩散

在营销方面，滴滴出行与最大的竞争对手 Uber 采取的招数大致相同，可以将这些营销方式大致分为线上和线下两种。线上分为微信朋友圈、微博、冠名网剧以及在网页和视频中的插播广告。线下大多数方式是采取

"跨界营销"，通过与多家看似与打车并无关系的商家合作，多方面宣传。

1. 线上营销

微信和微博是很好的宣传平台，随着"低头族"不断壮大，人们日常的消息基本上均是来自网络，而网络对信息的加工与传播的速度是惊人的。作为一名滴滴出行的用户，笔者最早知道滴滴出行就是在微信上，因为当时有人在分享红包，内容类似"分享并注册即可获得XX元红包"。但是出于安全心理，笔者当时并没有注册。这样的自我保护也是微信的一大弊端，也就是说消息的准确性难以确定。随后在微博的首页上，笔者发现了"滴滴"两个大字，这一次笔者点了进去。微博的好处在于，用户可以直接看到原始博主，而且经过验证的官方微博右下角也会有"V"的角标，这样会使消费者稍微减轻被骗的心理。通过这样的方式，笔者大致了解了滴滴出行，也在需要叫车的时候下载客户端体验了一下。随着各种红包的盛行，滴滴出行也将自己的营销方式从单一的官方微博编辑文字，发展到与明星合作。2016年春节期间，大家纷纷抢明星发出的微博红包，有的红包是钱，而有的红包里就是滴滴出行大礼包。

除去社交平台，滴滴出行还采取了将优惠活动信息直接发送到用户终端的方法。在每一名新用户注册后，其联系方式记入滴滴后台系统，每当有一名新用户，系统就会不断地更新、记录，久而久之形成强大的数据库。当有新活动的时候，只需向用户的客户端发送推送消息，同时也以短信的形式通知用户，这样一来即使用户没有上网没有打开客户端，营销的信息依旧不会遗漏。如果用户依旧心有疑虑，可以通过滴滴出行官方微博和官方首页进行查看，营销的目的也就达到了。还有就是人们日常调侃最多的广告。无论是植入式还是生硬的普通广告，都不是人们所喜欢的。例如，在某电视剧中，主角突然想要去某个地方，但是路上很偏僻，不能及时打到出租车，此时的镜头一定会给主角的手机屏幕一个特写，因为他要点开滴滴出行了，大家都会笑着说"滴滴没少给投钱"。没错，广告虽然生硬，一整部剧下来也许人们不会马上养成用滴滴出行的习惯，但是至少在偏僻或者紧急情况下，滴滴出行确实成为人们的备案之一了。尽管招人烦，但是广告做得真实，完全贴近生活现实，宣传效果就好，价格也比正经电视台广告要低一些。

最后一种线上营销就是在免费用户看视频之前，视频加载时播放的小广告。随着大家付费意识的提高，购买会员的情况十分普遍。在此情况下，加载视频时播放的广告也就逐渐被省略。虽然宣传效果弱了，但是早年滴滴出行确实用过这种网络营销方式。

2. 线下营销

滴滴出行的线下营销主要集中在“跨界”营销方式上。早几年滴滴出行刚刚盛行的时候，外出逛街的时候总是能看到扫码送滴滴红包，或者在某家门店购买商品满一定数额即可进行抽奖，其中的一项就是赢取滴滴红包大奖。滴滴出行还将“跨界”营销应用在很多地方，甚至是让人意想不到的地方。例如，滴滴与 DarryRing 曾共同推出情人节红包，鼓励年轻人在情人节买一份 DarryRing 的礼物然后用滴滴叫车去给对方一个惊喜。最初的传播是在网络上，情景为多名老夫妇补办婚礼，随后在网上爆炸式地传播，为后期线下营销做足基础和铺垫。滴滴出行还曾与蒙牛合作，双方互相冠名。蒙牛方面推出“牛运红包”来冠名滴滴红包，滴滴出行方面配合蒙牛宣传，用户在每一次乘坐专车的时候，均有机会获得由蒙牛提供的牛奶。

除此，滴滴出行还与国美、微信共同抓住“双十一”的小尾巴，搞起大型营销活动，用户只需在指定时间和地点扫微信二维码，即可获得国美商城 100 元优惠券以及滴滴打车红包。这样的联合行动，第一，抓住了微信强大的使用群体，利用扫二维码的形式将微信拉进联盟；第二，国美商城可以以此为契机做促销；第三，在顾客疯狂购物的同时也可抽取滴滴礼包，拉动滴滴载客量。多方共同合作，跨界越明显，多方共赢的优势也就越大，顾客也可获得不小的实惠。

无论是线上还是线下宣传，营销本身就是一个整体，线上渠道离不开线下渠道的实施，线下渠道离不开线上快速的传播，要想达到更好的效果，需要二者共同结合。如滴滴出行与DarryRing合作的情人节项目，在为老夫妇补办美好婚礼的同时，就已经向当时在场的人们宣传了DarryRing和滴滴出行。之后把该过程的视频发在网络上，为真正的情人节预热，在网友疯狂转发的同时，强大的网络营销起到了充分预热和宣传的作用，既提高了滴滴出行的曝光率，也为DarryRing唯美的爱情见证做足了宣传。经过这样的升温发酵，在情人节当天的活动自然众所周知地毫无悬念，并推出情人节红包："如果你爱他/她，那么就带上DarryRing坐着滴滴去找他。"看似毫无关联的两家企业，通过一个共同合作的文案完美地融合在一起。

但是经过多方面深入分析，笔者认为滴滴出行还是以线上宣传为主较好，毕竟它是一家软件驱动型企业，所以云端更是主力。

（五）最核心的竞争优势

滴滴出行最核心的竞争优势就是技术的突破。滴滴出行已在精准营销、智能匹配、用户画像系统、需求预测系统和产能预测系统等方面建立自己的技术核心竞争力。根据分析师的分析，滴滴出行在云计算方面的运用已经是业内的领先水平，通过云计算和大数据的运用，能够提高订单的成交率，降低了司机到乘客的接送时间。滴滴出行利用庞大的历史数据做统计分析，能够有效地躲避出现问题的路段、分析司机和用户的出行习惯。这是滴滴出行大数据解决问题的一大优势，并且根据这个庞大的大数据，滴滴出行的司机能够准确地知道用户订单的具体位置，准确地接送用户；滴滴出行的用户也能够直接通过软件内的地图看到司机的动态、个人信息、车型、车牌号、照片、电话等相关信息，有一定的安全性，而且滴滴出行软件的支付手段也很便捷。现在，滴滴出行在大数据和机器学习领先的专家和技术人员的强力引导和支持之下，得以进一步发展新服务和运营，将来还有极其广阔的发展空间。

地面推广也是滴滴出行的核心竞争力。线下推广队伍是滴滴出行的创业者引以为豪的秘密武器。但是，随着打车应用程序的竞争力越来越火热，各个应用软件线下推广已经成为家常便饭。清晨，滴滴出行的地面推广人员在北京的大街小巷戴着帽子，穿着橘色的工作服，聚集在一起开早会，然后确定当天的推广目标，并且会互相加油鼓励，然后奔向目标地点。他们会在出租车司机等待接车的几分钟内完成讲解说服、把应用程序安装到司机手机里，并教会他们使用。滴滴出行的创业者认为这个环节极其重要，这也是滴滴出行能够发展到如今规模的关键所在。

当然，对于滴滴出行来说，大数据、匹配能力、云平台、调度能力、存储，都是滴滴出行非常核心的业务竞争力。作为一个出行服务供应商，滴滴出行主要提供的是供给侧的创新。滴滴出行实际上是通过技术的突破——供给和需求同时在线，同时基于需求，然后立刻匹配，让一个供给侧从原来的高门槛变低门槛。现在，只要你是一个持有驾照、拥有私家车的自然人，你就有可能通过这项技术的创新获得一个需求，并且满足它，由此获得经济收入。

根据滴滴出行相关人员的介绍，每天滴滴出行记录8000万公里的行驶路线，规划的路线每天总计2.5亿。根据中国互联网络信息中心的有效数据，滴滴出行的专车市场份额是87.2%。滴滴出行现在有世界上最大的出行数据，每天采集的出行数据超过50Tb，同时每天的路径规划超过90亿次。总之，滴滴出行的研究院可以进行最大限度地数据挖掘，提高效率降低成本，实现最优的运力调度。但是，大数据更大的优势实际上是在预测上。未来的大数据将对某一个事件的进程做预测判断的分析。如预测在下一时段内的拥堵地点，实现提前躲避，又或者是预测有哪一些地点将是未来乘车时间段的高峰，以提前调配车力等。现在，用户的订单还没有发送，滴滴出行就可以运用算法来预测出这一次的订单会不会成交。

可以看到，滴滴出行目前希望能够通过大数据以及云计算，从一个更加宏观的视角审查每一个订单，包括订单周围的司机的情况。若滴滴出行能够更好地知道整个城市的交通状况，又或者乘客、司机的一个行为，就可以更好地提高订单的接单率。滴滴出行不断尝试在平台海量用户信息中，通过大数据挖掘用户需求，进而通过不同的服务能力解决用户针对性的痛点问题，这是滴滴出行试图将平台的大数据进行转化的重要方向。

滴滴出行的竞争对手 Uber 面对滴滴出行也有过野心勃勃的反攻策略：2016 年，要进入中国 100 个城市。2015 年的数据统计中显示，Uber 所进入的城市已经有 22 个。并且随着 Uber 的融资，这个策略的实施已经有了一个雏形。在这之后，Uber 也宣布将要在中国南方的湖北、湖南、广州等地 18 个城市进行 Uber 的推广。对比 Uber 专注于新兴的按需经济和共享经济模式，滴滴出行的模式则大而全，轻重资产并蓄，连管理司机的方式都更像出租车公司。这种加入技术手段的新型出租车公司，未来会带来巨大的管理成本。

滴滴出行面对竞争也有自己的一套应对措施，在 2015 年推出过红包补贴，如用户第一次使用滴滴出行就会立减 10 元，给司机奖励 10 元，新司机首单奖励 50 元，微博评论补贴、阿里旅行补贴、微信红包补贴等各种红包补贴。其次，滴滴出行与微信的协同合作，是滴滴出行获得高级互联网入口，实现自我价值的一个通道。滴滴出行还与众多电商的入口进行合作，如支付宝、前程无忧、微博等。以微博为例，在微博评论电影就能获得出行红包，这极大地刺激了消费者。滴滴出行将营销和传播合二为一，在用户使用滴滴打车成功后，滴滴出行会给用户发一个消息，马上分享滴滴红包到朋友圈或者微信好友。用户抢到红包之后就可以在下次使用滴滴出行软件的时候当作现金使用，分享者也可以获得红包。这可以有效地实现滴滴出行的传播，促进滴滴出行用户的增长。现在，滴滴出行的软件操作更加方便。用户使用快车的时候，想要拼车，不仅可以选择需要的座位个数，而且拼车和不拼车的价格也不同；拼车后，对于司机和用户取消订单也有严格控制，并且当到达目的地后若没时间支付，可以下车之后利用空闲时间支付，或者直接从支付宝等账号扣除金额，更加便捷。

Uber 拥有全世界最顶尖的一批人才，在技术方面有着很强的竞争能力。虽然滴滴出行也开始注重这方面的投入，但是如果想要赶超竞争对手，还需要一定的时间和高水平的人才。目前滴滴出行虽然也有很多新业务的推出，但是并不能很明显地提高滴滴出行的核心竞争力。

（六）目前面临的问题

滴滴出行成立于 2012 年 6 月，在不到六年的时间里，已经成功超越了优步等资历更深的竞争者，在全国租车市场的占比达到了 99%。笔者认为它发展得如此之快的原因有两个：眼下燃油价格不断上涨，很多私家车主有养车压力，急需自己的车创造价值贴补；从乘客角度看，使用滴滴快车费用与打出租车相比几乎便宜了一半。双方都有使用这一平台的需求，自然涌入的客户越来越多，成交单数也就越来越多。

滴滴出行的飞速发展可以算得上淘宝之后的又一个奇迹，那么它会一直以如此的速度发展下去吗？有哪些问题会影响滴滴出行的发展呢？

1. 系统性问题

滴滴出行成功的原因就是打破了常规出租车的运行模式，让司机得到更多的收益、乘客支付更少的车费，为司机和乘客提供了一个双赢的平台。然而传统的出租车模式仍然存在，滴滴出行的出现给予其极大的冲击，严重影响了出租车公司、司机的利润。所以在滴滴出行发展势头最猛的时候，很多出租车司机会冲到政府门口进行抗议，政府为了打压滴滴出行的势头，在 2014 年的一段时间里还将滴滴快车定为非法运营。虽然最后滴滴出行成功脱身，但是谁也无法保证在政府没有想出如何平衡传统出租车和滴滴出行的办法前，这样的制度性打压还会不会出现，会不会更加严重。

此外，滴滴出行在发展初期呈现的大好势头是因为有对司机的奖励政策和对乘客的补贴、打折政策，但是如今很多用户反映补贴减少了或者奖励不好拿了，在综合很多其他因素的条件下，滴滴出行的用户群会减少。笔者认为滴滴出行目前应该做的是找到一种新途径来留住顾客，而不是靠单纯的“金钱诱惑”。

2. 非系统性问题

下面从司机和乘客两个角度来谈谈滴滴出行目前存在的问题。

本研究在访谈过程中，感受到很多司机对滴滴出行表达的感受与不满，总结起来有以下四点。

（1）乘客定位不准。司机在接单后会根据滴滴出行软件的定位去接客，然而这个定位往往会存在偏差，熟悉路的乘客可能会清楚地通过电话告知司机位置，但是遇到不熟悉路线的游客就会浪费很多时间。

（2）滴滴出行自带导航存在弯路。不光滴滴出行软件有这个问题，任何导航性软件都会多少存在这样的技术性问题。

（3）乘客的评价是能否拿到奖励的唯一因素。滴滴出行的奖励政策一直是吸引司机加盟以及打压竞争对手的利器，但是司机能不能拿到这个奖励完全取决于乘客的评价。然而许多乘客在下车后会选择不评或者随意评价，这令很多司机抓狂。此外对于滴滴出行公司来说，单一的奖励因素会存在刷单风险，会给滴滴出行公司带来损失。

（4）奖励政策越来越苛刻。很多司机说以前都是利用空闲时间出来跑跑活儿，每天上下班拉一单就能抵得上一天的油费，周末也基本是可以悠闲有选择地进行接单；但是现在每天必须拉到多少单以上才能拿到奖励，因为滴滴快车司机的收益基本靠奖励取得，乘客的车费几乎就是油费。由此看来，滴滴出行司机若想保证每天的收益就必须投入更多时间在路上，再加上如今注册的条件门槛越来越高，今后滴滴出行的司机可能会因为压力大而减少。

从乘客角度来说，主要有以下三点不满的地方。

（1）泄露手机号。在提交订单后，接单的司机会打电话过来确认乘客的位置，这就意味着乘客的手机号会暴露，虽然目前还没有出现类似的安全性问题，但是个人信息被披露乘客心里还是会有点不高兴。

（2）超过5分钟取消订单产生费用。很多时候在叫完车之后，司机可能因为堵车或者自身原因无法及时赶到，这时就得由乘客取消订单，但是需要乘客支付两元的费用。

（3）安全问题，不能取得即将乘坐车辆的基本信息。滴滴出行既简单又方便，为什么还有很多人选择出租车出行呢？唯一的答案就是出租车安全。每一辆出租车都是体制内的，司机信息也会在上车之后看到，而滴滴出行在下单时并不能看到司机以及车辆的信息，这样的条件下可能会有一些非法分子趁机违法，给乘客造成人身以及财产的损害。

以上是目前滴滴出行面临的一些问题，总的来说滴滴出行的出现给人们的生活带来了方便，像淘宝一样，其出现是必然的。只要平衡好与传统出租行业的利益关系以及想清楚平台该如何更好地吸引团结用户群，相信滴滴出行的发展会越来越好。

五、总结

滴滴出行作为中国广受好评的免费打车软件，在打车应用程序的市场中份额最大。在它越做越大的背后，是为解决人们出行困难而执着不懈的努力。滴滴出行所有工作人员的坚持不懈和不断创新，使得滴滴出行为司机与乘客构建了一个良好互惠的平台。

随着互联网的持续深入发展，社会化媒体营销开始成为众多企业选择的营销方式。社会化媒体营销主要是通过互联网技术实现信息的分享和传播，并且通过不断地交互和提炼，对观点或主题达成深度或者广度的传播，其影响力传统媒体往往不能赶超。滴滴出行利用微博、微信、电商入口、前程无忧等来开展社会化媒体营销的传播。滴滴出行的营销依赖于微信、微博等社会化媒体，利用这些媒体推出自己的产品，对公司一些变更行动做出回应，为自己的产品进行推销，吸引更多的用户，利用社会化媒体消除信息的不对称，消除消费者心中的疑惑。比起传统营销方式，社会化媒体能够打破时间的限制，极大地扩大了传播量。社会化媒体营销拉近了滴滴出行与消费者的距离，取得了用户的信任，方便了消费者，更为滴滴出行取得了更多的利益。

参考文献

[1] 吕江涛．滴滴出行谴责国泰君安冒用公司名义 对方尚未回应［N］．证券日报，2016-08-03（B02）．

[2] 陈静．反垄断申报未必启动“烧钱大战”或成往事［N］．经济日报，2016-08-02（5）．

[3] 李蕾．网约车两对手为何选择“在一起”［N］．解放日报，2016-08-02（6）．

[4] 张彬．滴滴出行与优步中国宣布合并［N］．经济参考报，2016-08-02（3）．

[5] 徐晶卉，张晓鸣．专车市场“补贴战”恐终结［N］．文汇报，2016-08-02（2）．

[6] 杨清清．滴滴出行收购优步中国“寡头”初现 是否垄断待考［N］．21 世纪经济报道，2016-08-02（1）．

[7] 张国锋．滴滴出行宣布收购优步中国［N］．证券时报，2016-08-02（2）．

[8] 郭京泉．滴滴发布廊坊出行大数据［N］．廊坊日报，2016-07-28（3）．

[9] 刘艳．“独角兽”滴滴出行前进遇难题［N］．经济参考报，2016-07-22（6）．

[10] 贺佳雯．滴滴距出行寡头还有多远？［J］．中国经济信息，2016（13）：62-63．

[11] 陈绍鹏．进一步完善“滴滴出行”政务版 打造“互联网＋公务用车”新模式［N］．上饶日报，2016-06-29（1）．

[12] 陈静．滴滴出行完成 45 亿美元股权融资［N］．经济日报，2016-06-17（7）．

[13] 蔡依陶，闫旭晖．基于价值链理论探讨滴滴出行的竞争策略［J］．管理观察，2016（17）：73－75.

[14] 赵广道．国寿6亿美元“出行”选滴滴［N］．中国保险报，2016－06－14（2）.

[15] 陶力．滴滴获中国人寿6亿美元投资 布局出行生态链［N］．21世纪经济报道，2016－06－14（17）.

[16] 滴滴出行进军摩的领域［J］．摩托车技术，2016（6）：29.

[17] 卞星玮．滴滴出行品牌形象视觉传达的设计应用［J］．艺术与设计：理论，2016（5）：36－37.

[18] 钱瑜，石飞月．投资滴滴 苹果铺路未来出行［N］．北京商报，2016－05－16（3）.

第6章　携程旅行网的新媒体营销分析

一、携程旅行网概述

携程旅行网的前身是携程计算机有限公司。1999年5月，携程计算机有限公司吸收海外的投资创建了携程旅行网。携程旅行网总部设在中国繁华都市上海，目前已在北京、沈阳、深圳、杭州、青岛等十多个城市建立分公司，员工超过万人。2003年12月，携程旅行网在美国纳斯达克上市，成为中国第一个在美国纳斯达克上市的旅游网站。2000年10月，携程旅行网接受美国国际数据集团IDG（International Data Group）的第一笔投资，并于2000年11月收购了国内最早、最大的传统订房中心——现代运通，成为国内最大的宾馆分销商。2002年4月，携程旅行网收购了北京最大的散客票务公司——北京海岸航空服务公司，并建立了全国统一的机票预订服务中心。2002年5月，启动全国中央机票预订系统。2003年10月，机票预订网络覆盖国内35个城市。2004年11月，携程旅行网成为国内首个国际机票在线预订平台。至此，携程旅行网完成了酒店预订系统和机票预订系统两项建设。这两项业务是携程旅行网的主要收入来源。2004年2月，在与上海翠明国际旅行社达成合作后，携程旅行网开始进军旅行社业务。2006年3月，携程旅行网开始进军商旅管理市场。2007年3月，携程旅行网在北京、上海、广州、深圳、南京、武汉、杭州、青岛、厦门、成都、沈阳等城市推出代驾租车业务。至此，携程旅行网搭起了“酒店预订、机票预订、自助游产品、商旅服务、车辆租赁”五大主营业务架构。短短几年时间，携程旅行网利用并购手法在各个领域合纵连横，从纯粹的旅游网站到酒店、机票预订，再到“机票＋大酒店＋保险”套餐的自助游，并延伸到商旅和租车服务，开始在旅游市场上遍地开花。

时至今日，携程旅行网已经成为旅游业的龙头老大，携程旅行网之所以有今天的成功离不开其最初的市场定位。携程旅行网的主要目标顾客就是商务人士，这个定位点在当时的市场上是独一无二的。并且其代言人邓超的明星效应以及携程旅行网的那句广告语“携程在手，说走就走”，给消费者一种洒脱无牵绊的感觉，所以携程旅行网有今天的成功是毫无疑问的。

二、携程旅行网的社会化营销模式

（一）携程旅行网抓住与搜索引擎的合作机会占据网络热搜度

2016 年发生的“魏则西事件”把网络医疗推广推到了风口浪尖，这起事件更见证了如今网络在人生活中产生的巨大变化。虚拟的网络虽然不是实实在在存在的，但是它的存在仍然能够潜移默化地影响现代人生活中的点点滴滴。网络也是一只需要平衡的小船，把握好方向、平衡好利益关系，它便能一直扬帆起航，一旦失去方向则说翻就翻！携程旅行网不惜花费重金与知名搜索网站（如毒霸、搜狗、百度、360 等）进行合作，为的就是占据网络热搜度，在消费者心目中留下深刻印象。这对提高、保持网站知名度、使用度具有重大意义。

目前携程旅行网在网络上的热度如下：使用搜狗的结果为 2936266 条，并且官网是第一条，搜狗推广则是第二条；使用百度搜索的结果为 9330 万条，携程旅行网官网是第一条；使用 360 搜索的结果为 1 亿条，官网为第一条，推广是第二条。相比其他同行，携程旅行网在网络上的热度还是非常高的。

（二）携程旅行网加强与其他媒体的合作并利用其他渠道宣传自己

随着网购的消费者越来越多，购物平台的发展越来越成熟。携程旅行网通过与购物网站的合作扩大消费对象的群体，通过这一渠道吸引更多的互联网消费者。互联网本就是一个传播速度非常快的渠道，利用这一媒体工具可以更快速、更高效地宣传携程旅行网的信息。虽然现在是互联网发展的黄金时期，但是电视媒体的力量并没有完全被取代，现如今仍然有很大一部分人是通过电视获取的消费信息。所以携程旅行网也抓住这一契机，与旅游卫视联袂打造了有关旅游体验的电视节目，这样的旅游节目不仅是电视节目的创新之举，也是宣传携程旅行网的更直观、更立体的渠道。通过电视节目的展现，越来越多的人喜欢旅游，喜欢使用携程旅行网去旅游。电视节目不仅展示旅游胜地的美丽风光、人文情怀，而且可以全方位展示体验者的内心情感。电视节目的展现比平面展示更加真实，同时美感也会提升一个高度，不管是景色或者心情体验都会达到非常棒的效果。而且在网络非常发达的时代，也存在一大部分不善于运用网络的人，如中老年人。他们正是现在最有资本说走就走的人，通过与电视台的合作，携程旅行网又从另一渠道吸引了一部分中老年旅游消费者。

（三）携程旅行网如何通过公众平台拉近与消费者的距离并提升品牌

在社会化媒体营销中，网络无疑是其中最大的推动者。中国是网民大国，随着互联网的快速发展，网民通过互联网会进行许多线上活动，如购物、讨论热点、做研究、查阅资料、学习，等等。越来越多的人利用网络这一工具是为了便捷消费。所以利用好这一利器，不管是做营销还是做其他的活动，利益和效果肯定都很可观。

携程旅行网利用中国网民的喜好，利用论坛、博客、微博等公众平台与一些喜欢旅游的专业驴友或普通旅游爱好者进行交流，从而吸引更多的人了解携程旅行网、使用携程旅行网。

三、企业自身营销活动中信息的传播与扩散

（一）传播方式

携程旅行网属于线上经营，主要通过微博、天涯、知乎等网络平台进行推广。当然也有广告进行推广。在同类线上旅游类 APP 争先推出时，携程旅行网花重金进行广告的投放。如请“跑男”节目中的邓超进行品牌宣传，还有电视广告、地铁广告、高铁座椅、杂志广告、酒店前台、居民楼宇、网页广告还有爱奇艺、优酷等视频播放前的广告等。

（二）携程旅行网基于负面信息的免费广告

两条微博大 V 的微博成功地吸引了人们的注意力，也让携程旅行网上了微博热搜，众多明星纷纷转载并表达自己的观点。

一般情况下，“携程”的搜索量为每日几千次，但是从 2016 年 1 月 9 号开始，“携程”在微博的搜索量开始急速上升，最高一天超过 4 万多次热搜量（见图 6 – 1）。

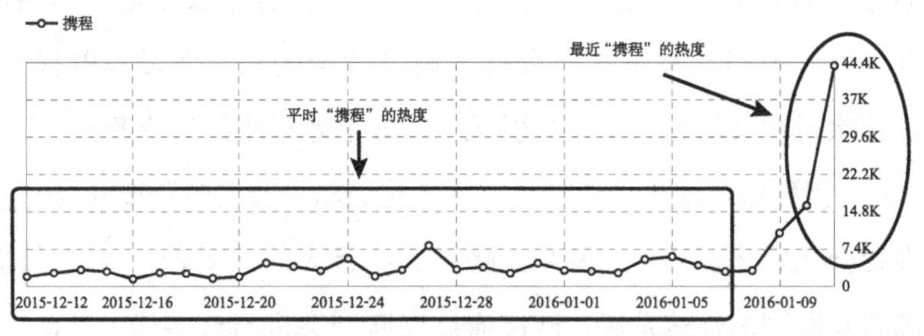

图 6 – 1　携程旅行网微博搜索量

事情的起因是 1 月 9 号有个微博用户曝光了携程旅行网假机票给自己带来的不利影响（见图 6 – 2）。

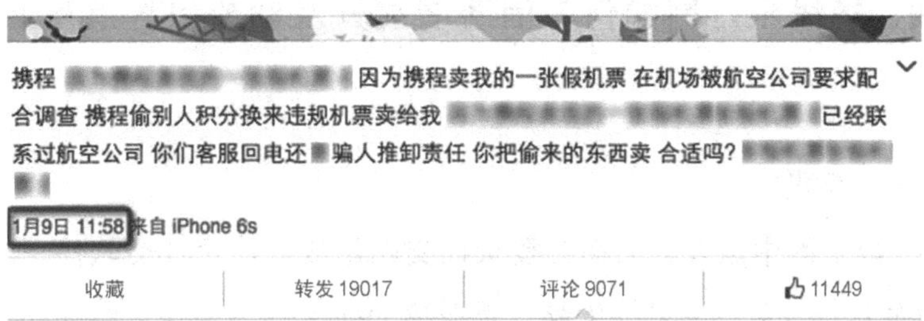

图 6－2　微博原文

以上这条微博让携程旅行网陷入舆论的浪潮当中，连中央新闻频道都加入报道，报道名称为《携程，假票在手，能说走就走?》（见图 6－3）。

图 6－3　新闻联播报道

本研究认为，携程旅行网、途牛旅游网、去哪儿、艺龙旅行网以及支付宝旗下的阿里旅行等一系列线上旅游 APP，企业、明星、微博大 V 等对于这一系列的旅游 APP 所要求的质量与服务较高，其中包括对酒店质量与信息的匹配度和机票的真实度。然而一般大众要求最多的还是价位合理，因此受这种负面新闻的影响较小，所以这一事件反而对携程旅行网进行了宣传。

四、携程旅行网如何与消费者展开互动或引导消费者之间互动

（一）微博

2/3 以上的中国人每天都会登录社交网站或者使用社交软件，这么多人都在使用社交软件及社交网站，企业该如何做到与消费者展开互动或引导消费者之间展开互动？这些互动又有何成效呢？携程旅行网的微博粉丝数量有 4549864 的关注量，而途牛旅游网的粉丝关注量并没有携程旅行网的多，但是从图 6－4 可以看出，无论是转发、评论还是点赞的数量，携程旅行网都没有途牛旅游网高，这说明携程旅行网与消费者或者说是潜在消费者的微博互动没有途牛旅游网的多。

图 6－4　微博转发比较

1. 发布内容规划

微博的内容不是每天想到什么就发什么，而应该有专门的策划团队去有规划、有设计、有目的地去发送。通过浏览携程旅行网的官方微博，笔者发现它的官网每天都发很多条消息，目的就是推荐旅游目的地、生活、

美食。信息量多且无重点，有种被刷屏的感觉，反而没有起到引导消费者互动的作用。图片很精美但是说明文字没有创新，不能与消费者产生共鸣，消费者无法与之互动。参与感对现在的消费者很重要，参与其中并实现自身价值是消费者与消费者之间互动尤其重要的一点。利用他们之间的互动可以将不付费媒体的作用发挥到最好。总之，内容应该是：首先，适量发送消息，每条内容都应该与产品的主题有关，但又不直接提到产品；其次，要考虑到受众群体的不同性，要让不同的受众群体对发布的内容都有所感触；最后，发布的内容要有一种代入感或者有一种马上就想去体验那个地方的风土人情的特点，让每一个受众都能找到自己所要转发的动力。

2. 做好物质奖励

见图 6－5，物质奖励要重视送出的产品、中奖率、粉丝之间的互动等。至少应该让粉丝收到的奖励是自己的产品，如转发后@ 五个好友即可参与抽奖，抽中奖品的人可以免费或 88 元去哪里旅游等，这样后期粉丝跟

图 6－5　微博物质奖励

别人说起来也会为携程旅行网带来好的口碑，然后这种好的口碑就会像滚雪球一样越滚越大。

（二）携程旅行网官方微信订阅号

1. 头像

官方公众账号属于顾客或者他人首先接触到的公司信息，人们往往会在刚接触时在内心中打一个分数。头像是至关重要的，头像的图片要深入人心，能否让自己的企业账号在一堆公众账号中脱颖而出，就要看企业的本事了。携程旅行网做得还不错，公众账号特点鲜明且容易引起共鸣（见图6－6）。

图6－6 携程旅行网官方微信头像

2. 欢迎语

携程旅行网与艺龙旅行网两个公司欢迎语的对比见图 6－7，携程旅行网的欢迎语给人一种强烈的推销感，但是艺龙旅行网给消费者的感觉就是亲和力特别好。感情细腻的人会因此立马对艺龙旅行网产生一种好感。不要小瞧这样的一句欢迎语，它可能就是企业日后战胜其他对手的一个小小的利器。

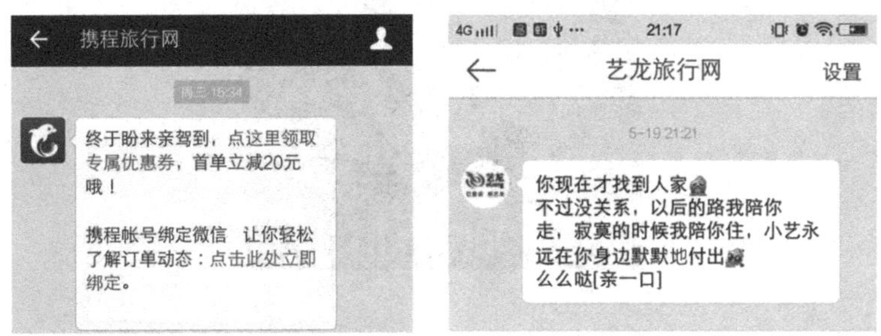

图 6－7　携程、艺龙微信欢迎语

3. 配图

订阅号中，如果满是文字会抓住人们的眼球吗？和一个人说重庆的火锅多么好吃，辣味的等级、食材有多么的诱人，吃一顿想两顿，是用许多文字来描述给没吃过的人好，还是直接配上图片加上简短的描述好呢？答案不言而喻。既然是旅游网，就要拿好的景色、好的人文风情来说话。

4. 微信、微博对比

微信点击量远远高于微博。微信的阅读量最高 10 万以上，最低 3 万以上，这跟微信的用户量有关（见图 6－8）。用微博的人肯定也用微信，但用微信的人不一定用微博。社交环境的氛围也是微信多于微博的一个主要因素。微博一定要利用好微博红人的效应，社会化媒体营销是创意、人脉、金钱的综合实力的体现。

阅读原文 阅读 100000+ 775 投诉

图 6－8 携程微信公众号阅读量（截止到 2016 年 7 月）

5. 消费者自己对这种互动行为的评价

携程旅行网在微博大量信息中及时回应消费者的问题（见图 6－9）。

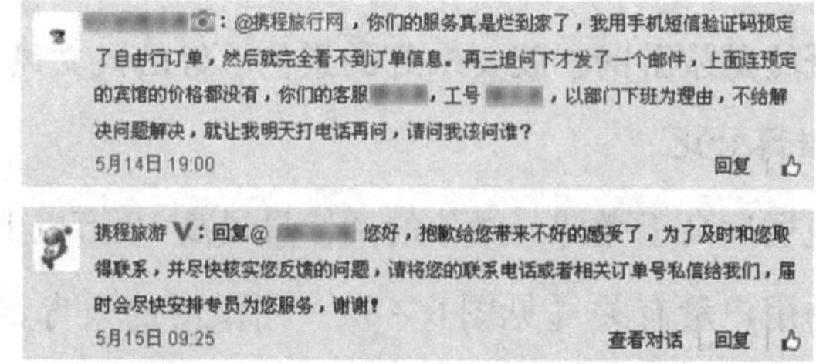

图 6－9 携程旅行网与消费者的互动

网友对携程旅行网活动的回应（见图 6－10）：

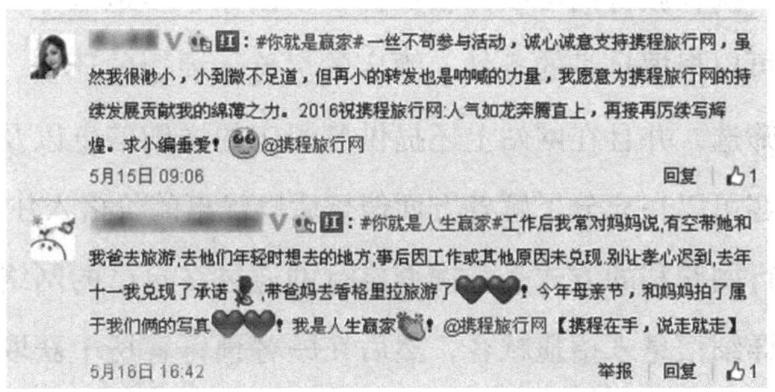

图 6－10　消费者对携程旅行网的反馈

携程旅行网的口号是“携程在手，说走就走”，这一口号符合现在消费者的心理。在这个压力较大的环境中，大家都渴望来一场说走就走的旅行，所以说携程旅行网的传播符合大众的心理，有共同的认同感。

五、携程旅行网的商业模式或者获利渠道

在旅游网站中，营利方式主要有两种。一种是通过访问量进行营利，它们的主要收入就是在线广告，当用户打开网页浏览旅游信息时，网站就通过点击率进行营利，所以旅游业的官网设计都是别具一格，各有千秋的，以便通过网站的设计来吸引消费者进入网站。点击一个个的链接，网站主页还会自动跳出一些悬浮窗口——在线咨询类，来方便消费者的咨询，从而达到点击率的提升。还有一种是通过走会员营利，这其中有一部分网站是通过收取会员费营利的；另外，还有一部分是网站作为一种平台，起着中介的作用，它们主要是靠收取代理费或中介费来营利，携程旅行网就是其中之一。下面对携程旅行网营利模式的构成要素进行具体分析。

（一）酒店预订代理费的收入

自北京现代运通订房中心于 2000 年 11 月被并购后，酒店预订项目就是携程旅行网的主要收入来源。如今，携程旅行网拥有国内先进的酒店预

订网络系统，携程旅行网可以为会员提供多国家、多地区、多酒店的预订服务。顾客可以根据自身的条件、酒店的房价、周边的环境、交通的便利等方面进行筛选，并且在网站上还提供各酒店的详细信息以及电子地图与实景图，顾客可以在充分了解各方面信息后以优惠的价格入住。

携程旅行网获利的方式是：携程旅行网通过在自己的网络平台上发布各大酒店的详细信息来招揽顾客，然后在顾客预订客房中获取合作酒店的佣金。携程旅行网的支付方式分为两种：网上支付与前台支付。一般顾客会更倾向于前台支付，这样更安全与便捷。也就是说，携程旅行网的佣金一般是从折扣返还中获取的。

（二）机票预订代理费的收入

除了酒店预订代理费收入外，携程旅行网的第二大营利点就是机票预订代理费的收入。携程旅行网机票预订流程大致与酒店预订流程一致。携程旅行网通过与航空公司合作推出电子售票，并且可以为顾客提供免费送上门服务。顾客可以在线购买电子票，购买成功后可以直接去机场办理登机，电子票大大方便了游客的出行，减少了在机场排队买票的时间。携程旅行网机票预订的服务费和酒店预订的服务费形式一样，都是从中赚取佣金，显而易见，预订量越多，携程旅行网赚取的佣金也就越多。而近些年来，随着经济发展，人们的生活水平不断地提高，旅游也成为一种放松自我的必要方式。所以，机票预订的代理费也是逐年地增加，这使携程旅行网的收入不断增加。

（三）自助游中酒店机票预订费以及保险代理费的收入

2004 年，携程旅行网推出了一种新的旅游方式——自助游业务，顾客选定目的地后，可以选择多种到达目的地的方式。自助游按照对象的不同可以分为两类。一类面向普通游客，携程旅行网与各大旅行社签订合作协议，经营团购业务，使消费者可以获得更为便宜的价格，所以团购是现在最为流行也最受欢迎的一项。另一类面向商旅客户，携程旅行网与各大企业签订服务合同，可以根据商旅游客的要求提供私人定制方案。另外，在顾客预订自由行产品时，携程旅行网也提供相应的意外保险项目，顾客可以自愿购买保险。它的营利方式和酒店、旅游预订的营利方式一样，都是从中赚取佣金。

（四）会员费的收入

在携程旅行网上注册会员是免费的，成为会员后可以有相应的折扣。当然 VIP 会员的折扣会更大，VIP 会员卡不仅可以获得特别的积分，还可以比一般会员拥有更多的价格优惠。对于经常旅游的顾客，办一张 VIP 会员卡是很实惠、很有吸引力的。

（五）广告费的收入

说到广告费，一般都会认为是投资，不能算是收入，但是携程旅行网经过十多年的发展，现在已拥有了广泛的知名度和信誉度。携程旅行网这些无形资产吸引了众多的联盟企业，促进了各大企业在携程旅行网投放广告与开展合作，这不仅为携程旅行网做了广告，同时还增加了各企业对携程旅行网的投资。携程旅行网的会员卡可以在与其合作的商家消费时享受相应的折扣或者获得其他相关福利。

（六）汽车租赁费

汽车租赁是携程旅行网最近开展的业务，目前已在沈阳等主要城市开展。因为这项业务开始的时间不长，各项设施还不是特别的完善，所以目前为止这个业务的收入还不是很可观，待今后慢慢完善后，应该可以成为携程旅行网的另一项收入来源。

（七）其他

经过十多年的发展，携程旅行网现已成为全面综合类旅游网站，是当今社会发展最好且最具发展前景的旅游服务类网站之一。并且，携程旅行网开始在各个方面涉猎，出版旅游丛书是携程旅行网开展的新业务。目前携程旅行网出版的图书有《携程走中国》《携程自由行》、会员游记汇集

《私有天下》等。这些丛书的出版，不仅给携程旅行网带来了收入，而且扩大了携程旅行网的知名度。今后携程旅行网可能还会拍携程纪录片、微电影等。在其他企业没有涉及的领域进行市场开拓，是携程旅行网最明智的地方，也是它能成为旅游业的领导者和利基者的原因之一。

随着社会的不断进步与发展，携程旅行网也在不断拓展新业务，收入来源也在不断扩宽。从短期来看，这种商业模式还是可取的，但随着互联网的日渐发达，竞争对手的日渐崛起，旅游业已经成为一个较为成熟的企业，如果还只是单纯地依靠原来的商业模式进行经营，携程旅行网迟早会被其他的企业超越。虽然携程旅行网曾是 OTA 市场游戏规则的制定者，但是目前携程旅行网遭到了来自去哪儿、途牛旅游网、同程旅游等竞争对手的挑战。所以，从长期来看，携程旅行网的这种商业模式要随着市场、顾客以及竞争对手的变化来随时进行调整，要有预见未来的能力，不断创新提升自己，才能继续做旅游业的龙头老大。

六、携程旅行网的核心竞争力

携程旅行网最核心的竞争力就是优质的服务。携程旅行网是一个在线服务业，优质的服务是携程旅行网的生命。携程旅行网为了规范自己的服务，专门对外公布了一份《携程服务宣言》。这份宣言不仅代表了携程旅行网提供更优质服务的决心，并且也是给消费者一份保证书，让顾客更安心地享受消费。它的这一举动是对自己的服务监督，也是让自己成为行业中佼佼者的一个先入为主的计策。其次是携程旅行网的经营系统，不管是酒店还是航班，携程都尽可能做到及时、优质。携程旅行网有专门的订购系统、专门的客服人员为顾客解决各种问题。携程旅行网在全世界都有自己的服务，它与各地知名的商家都有合作，为的就是建立良好的服务体系，让顾客体验高级舒适的服务。按照较高的服务标准，携程旅行网正在一步一步地建立网式的经营规模，呈发散状、地毯式地建立站点，让每一位消费者都称心如意。同时携程旅行网旗下也有自己的知名品牌产品，酒店、服务机构等更是遍布全世界各个角落，让每一个顾客体验到“家的服务”。随着智能手机的发展和 APP 的兴起，携程旅行网也推出了自己的移动服务客户端，真正做到“携程在手，说走就走”。专业、到位的服务是携程旅行网经营的宗旨，只有更好的服务，才有更多的顾客。携程旅行网的这些核心竞争力是其他的旅游公司无法比拟的。

此外，携程旅行网发展至今已有十几年的历史，与他合作的伙伴也有好几十家，这些资源都是其他的旅游公司难以与其较量的。

当然，一个公司的成功必然会有其他公司的争相效仿，成功是可以被复制的，并且复制的方法也有很多，但除了携程旅行网的营销模式、技术改进等方面外，其他的如携程旅行网的公司文化、携程旅行网的背景、携程旅行网的品牌知名度、顾客对携程旅行网心智上的认可、携程旅行网的合作伙伴等方面的模仿还是相对较难的。一个成功企业的任何硬件设施都是可以被模仿复制的，但这些软营销却是其他公司难以比拟与模仿的。

七、携程旅行网现存的问题

（一）运行技术较成熟，易被他人模仿

携程旅行网采用先进的网络技术将高科技产业与旅游行业完美地结合在一起，为广大客户提供在线票务服务。但是这种网络技术并非是自主创立的独特技术，而是将其他领域已经成熟的技术应用到在线票务服务中。这种技术的成熟性和推广度使它较容易被模仿，尤其是被竞争对手所模仿。竞争对手一旦掌握了这种技术，也会在市场上提供这种相似的“在线票务服务”，甚至是投入更多的资金进行技术开发与网络运行，这样容易给携程旅行网带来强大的竞争压力。那么，如何使携程旅行网能在这种激烈的竞争市场上发挥自己优势，从而稳定地占有一席之地，是携程旅行网现存的一个很大的问题。

（二）存在很大的网络安全隐患

对网购和在线票务服务来说，在线支付是必不可少的一个环节。客户的个人信息安全能否得到保障也是一个重要的关注点，完善的安全措施可以提高客户的信任度。携程旅行网的安全措施还需改进，如果客户的个人信息不能得到妥善的保护，企业不仅要赔偿对客户造成的损失，还会极大地影响该企业的声誉，阻碍企业的发展，所以合理地解决网络安全问题是携程旅行网必须要面对的。

（三）宣传和网页设计的力度不够

再好的网络技术也需要相应的宣传来提高自己的知名度，使顾客可以认识并了解其功能，进而去使用其产品。这里就需要携程旅行网加大对自身广告的投入，增强企业的影响力，从而增大受众群体。

既然是网络在线票务服务，其网站的设计一定要符合大众的审美要求。携程旅行网的风格缺乏创新性，并未体现出独特的技术特征，让浏览者觉得比较生硬呆板，缺乏感染力。

（四）缺乏对顾客的精细化管理

携程旅行网现存的客户管理机制不够完善，不能够满足不同细分客户的要求。它只是通过会员制来管理客户，为客户提供打折活动和积分奖励，但是并未针对不同的客户制定个性化和精细化的管理制度。虽然携程旅行网较早地建立了客户关系管理系统，但在管理制度上并未有较大的改变和突破。要应对不断变化的竞争市场，携程旅行网需要进行进一步的管理、维护和促销，从而改变落后的模式，使之适应时代的潮流。

（五）经营模式大众化，缺乏竞争优势

如今中国的在线服务网站是大同小异，经营模式也十分相似，携程旅行网运用相似的经营模式很难形成自己的核心竞争力，从而缺少忠诚型的客户。在这种相似的市场竞争下，创新就成为这个领域重要的生命源泉，携程旅行网如若想要有所突破，就要加强企业的创新，形成自己独有的核心竞争力。另外，携程旅行网价格优惠比较少。作为一个在线票务服务平台，它主要是提供一种中介服务，并与相关企业签订合作关系，从中赚取佣金。携程旅行网并不能决定产品的价格，因此它的优惠活动受到很大限制，缺乏价格的竞争优势。

（六）缺乏对合作伙伴的质量考察

携程旅行网最初以旅游业作为发展的目标，后来随着经济的发展，人们越来越关注休闲旅游，酒店和机票的预订也成为迫切的需要，携程旅行网顺应潮流，融入了酒店业和航空业。这为携程旅行网带来了很大的利益，但同时也带来了一些危害。对于合作对象参差不齐的服务质量，携程旅行网并没有进一步地进行考察，导致服务质量得不到保障，引起顾客的不满，形成不好的负面评价。这会给企业的利益造成损失，也有损企业的形象。

（七）存在中介漏洞

携程旅行网是一个网络中介机构，携程旅行网在提供在线服务的同时，也会提供相关旅行社、酒店和航空公司的信息。顾客可以通过携程旅行网提供的信息直接与旅行社、酒店和航空公司进行联系，来寻求更多的优惠。这导致避开了携程旅行网，减少了中介环节需要支付的费用，致使携程旅行网没有发挥出它的平台优势，反而丢失了一部分的客户以及业务收入。

八、小结

通过以上各方面对携程旅行网的分析可以看出，一个企业的成功涉及多个方面的因素。传统认为，一个企业的成功只限于在广告上的投入、代言人的聘用、企业产品的质量等级、人员的服务等方面。显然，这些只适用于传统的营销上，随着现代科技的发展，各企业纷纷把营销模式转向了社会化的营销策略上，通过线上——公司官网、微博、微信、各大电商平台、粉丝效应、消费者之间的信息传播（评论）等，来进行企业产品的营销推广，这将是以后发展的一个大趋势。再结合着线下一起进行营销，必定会起到事半功倍的作用。不论是一个企业还是一个人，跟着时代的脚步走才会进步与成长。适应并了解新的发展趋势是当前企业不得不做的事情。

参考文献

[1] 冉丽敏. 基于移动互联网的携程旅行网络营销创新研究 [J]. 商业经济，2015 (8): 97-99.

[2] 张映辉. 携程旅行网和去哪儿网的营销模式对比分析 [J]. 才智，2014 (31): 2, 4.

[3] 陈俊峰. 旅游类网站网络营销的策略分析——以携程旅行网为例 [J]. 商，2014 (7): 158.

[4] 王慧. 网络时代旅游电子商务营销策略实证分析——以携程旅行网为例 [J]. 价格月刊，2014 (6): 69-73.

[5] 乐琰. 营销费用支出大增 携程一季度净利降25% [N]. 第一财经日报，2014-05-09 (A15).

[6] 庄帅. 途牛网 PK 携程：营销成本和供应链比高下 [N]. 现代物流报，2014-04-27 (A11).

[7] 林莹. 携程旅行网：立体化营销三部曲 [J]. 中国广告，2014 (4): 101-103.

[8] 周伟婷，汤澜. 携程的“血本营销” [J]. 成功营销，2014 (2): 68-69.

[9] 林莹. 做百年老店，现在只是起步——携程旅行网市场营销资深副总裁汤澜谈品牌营销 [J]. 中国广告，2013 (10): 120.

[10] 李光杰. 携程公司社会化媒体整合营销传播研究 [D]. 济南：山东大学，2013.

[11] 怀班民. 携程中小企业商旅项目营销策略研究 [D]. 上海：华东理工大学，2013.

[12] 乐琰. 携程：创新营销与精益服务双管齐下 [N]. 第一财经日报，2011-12-13 (T04).

[13] 白骅. 携程助力成都旅游营销 [N]. 中国旅游报，2011-01-14 (3).
[14] 丁飞飞. 倡议书被批霸王条款 携程低价营销遭艺龙狙击 [J]. IT时代周刊，2010 (7)：31-32.
[15] 卞洲，张学为. 传统旅行社与网络旅行社营销比较研究——以中国国际旅行社与携程旅行网为例 [J]. 现代经济信息，2009 (13)：1.
[16] 梁蓓，易丰，沈莹. 基于"4V"营销理念的携程营销策略研究 [J]. 重庆科技学院学报：社会科学版，2009 (6)：90-91.
[17] 沈蓓颖，杨敏. 携程旅行网营销成功的研究与启示 [J]. 新课程研究：职业教育，2007 (7)：18，64，88.
[18] 郝丽萍. 享受公司快速增长的快乐 [N]. 深圳商报，2006-09-20 (A16).

后 记

纵观上述典型案例可以看出，成功的社会化媒体营销在于“顺势而为”四个字，而其中的“势”可以理解为消费者在社会化媒体环境中地位的不断提升，以及由此带来的信息传播的去中心化。具体而言，社会化媒体的兴起使得信息的传播媒介已经明显地分为了以下三类：①自有媒体，即企业自身能够支配的信息传播媒介，如各企业的官网；②付费媒体，即企业需要支付费用才能使用的信息传播媒介，如各门户网站、第三方论坛等；③自媒体，与“自有媒体”仅一字之差，但差别迥异。自媒体指的是以个体为单位的信息传播媒介，即每一位使用社会化媒体的用户。三者中，如何能够更好地利用好第三种信息传播媒介，决定了社会化媒体营销的效率和效果。也就是说，社会化媒体的蓬勃发展与移动终端的海量普及，使得传统意义上的社会化媒体开始分布到一个又一个单一的终端，并产生源源不断的、新的单一社会化媒体。单一社会化媒体互助互连，又把社会化媒体推向了更为丰富、更为复杂的生态系统形式。在这一生态系统中，识别系统、把握关联、充分利用、强化黏性就是社会化媒体营销工作的重中之重。其中，识别系统指的是对生态系统中不同个体之间的差异进行深入剖析；把握关联指的是对不同个体间的关联关系加以对比理解；充分利用则强调对于同一群体的社会化媒体用户而言，如何更好地使其主动为我所用；强化黏性在于维持社会化媒体生态系统的持续发展，关键之处在于稳健的互动。

借此机会，衷心感谢北方工业大学优势（建设）学科项目（编号XN081）对本研究提供的指导与支持！感谢知识产权出版社江宜玲老师对本书完稿的帮助与修订！衷心祝愿我国社会化媒体营销活动能够开展得更好！

与序言相对应，由于作者本人的原因，本书可能会存在疏漏之处，敬请您的海涵和斧正！

此致

敬礼

陶晓波

2016年7月于北方工业大学经济管理学院